부(富)의 이전에 대한

세무조사 가이드북

부의 이전에 대한

세무조사 가이드북

2025년 12월 29일 초판 인쇄
2026년 1월 2일 초판 발행

지 은 이 | 감병욱, 김도현, 류창현
발 행 인 | 오연관
발 행 처 | 삼일피더블유씨솔루션
등록번호 | 1995.6.26. 제3-633호
주 소 | 서울특별시 용산구 한강대로 273 용산빌딩 4층
전 화 | 02)3489-3100
팩 스 | 02)3489-3141
가 격 | 15,000원

ISBN 979-11-6784-453-8 03320

부(富)의 이전에 대한
세무조사 가이드북

감병욱 · 김도현 · 류창현 지음

SAMIL | 삼일인포마인

서문

최근 부동산 가격 상승과 자산 가치 증가로 인해 부의 이전에 대한 관심이 높아지고 있습니다. 그와 동시에 국세청의 세무조사도 크게 강화되고 있습니다. 실제로 상속세 세무조사 추징세액은 4년 만에 2배 이상 증가했으며, 증여세 역시 같은 추세를 보이고 있습니다.

과거에는 세무조사가 주로 기업이나 고액자산가에게만 해당하는 일이라고 생각했습니다. 하지만 이제는 다릅니다. 국세청은 금융거래 정보를 실시간으로 파악하고 빅데이터로 분석합니다. 상속과 증여는 물론 부동산 거래, 주식 거래, 자금 흐름까지 모든 것이 추적 가능한 시대가 되었습니다. 특히 꼬마빌딩, 초고가 아파트 등 시가 파악이 어려웠던 자산에 대해서도 감정평가를 대폭 확대하여 과세 사각지대를 없애고 있습니다.

부의 이전과 관련된 세무조사는 크게 다섯 가지로 나뉩니다. 상속세 조사, 증여세 조사, 양도소득세 조사, 자금출처 조사, 주식변동 조사가 그것입니다. 각각의 조사는 서로 연결되어 있어 한 가지 조사에서 문제가 발견되면 다른 조사로 확대될 수 있습니다.

세무조사 통지를 받으면 당황하기 쉽습니다. 무엇을 준비해야 할지, 어떻게 대응해야 할지 막막합니다. 조사 과정에서 문제가 발견되면 무신고 가산세, 과소신고 가산세, 납부불성실 가산세까지 추가로 부과되어 세금이 두 배 이상 늘어날 수 있습니다. 고의적인 탈세로 판단되면 조세포탈죄로 형사처벌까지 받게 됩니다.

이 책은 세무조사를 준비하거나 진행 중인 납세자를 위한 실질적인 안내서입니다. 조사 통지를 받는 순간부터 조사가 종결될 때까지 단계별로 어떻게 대응해야 하는지 상세하게 설명합니다. 조사 대상 선정부터 조사 진행 과정, 그리고 종결 후 불복 절차까지 전 과정을 아우릅니다.

특히 이 책은 일반 납세자의 눈높이에 맞춰 작성했습니다. 전문 용어는 쉬운 말로 풀어 설명하고, 복잡한 절차는 단계별로 나누어 설명했습니다. 실제 사례와 구체적인 대응 방법을 제시하여 독자 여러분이 실질적인 도움을 받을 수 있도록 했습니다.

세무조사는 누구에게나 올 수 있습니다. 하지만 미리 알고 준비하면 불필요한 세금과 가산세를 막을 수 있습니다. 납세자가 알아야 할 권리와 절차, 준비해야 할 서류와 주장 방법까지 구체적으로 알고 있다면 세무조사를 두려워할 필요가 없습니다.

저자들은 세무조사 분야에서 오랜 경험을 쌓아왔습니다. 국세청에서 직접 세무조사를 수행했던 경험과 납세자를 대리하여 수많은 세무조사에 대응해 온 경험을 이 책에 담았습니다. 실무에서 직접 겪은 사례들과 그에 대한 구체적인 대응 방법을 통해 독자 여러분께 실질적인 도움을 드리고자 했습니다.

이 책이 세무조사를 앞두고 걱정하는 납세자에게는 든든한 길잡이가 되고, 세무조사를 진행 중인 납세자에게는 명확한 대응 지침이 되기를 바랍니다. 나아가 부의 이전을 계획하는 분들에게는 사전 준비를 위한 유용한 참고자료가 되기를 희망합니다.

세무조사의 예측가능성을 높이고, 납세자의 권리를 보호하는 데 이 책이 조금이나마 기여할 수 있다면 더 없는 보람이겠습니다.

아무쪼록 이 책이 여러분의 소중한 재산을 지키는 데 도움이 되기를 바랍니다.

2026년 1월

변호사 **감병욱**

세무사 **김도현**

변호사 **류창현**

Contents

제1편 세무조사 총론

Contents

제2편 세무조사 총론

Contents

제4편 양도소득세 세무조사

제5편 자금출처조사

Contents

제6편 주식변동조사

부의 이전에 대한
세무조사 가이드북

제1편

세무조사 총론

제1편
세무조사 총론

세무조사란 무엇인가요?

세무조사란 국세청 소속 조사공무원이 세법에 근거하여 납세자에 대해 질문·검사권을 행사하는 행정조사를 말합니다.

국세청이 밝힌 2022년 조사현황은 다음과 같습니다.

	개인사업자 조사	법인사업자 조사	양도소득세 조사	상속세 조사	증여세 조사
조사건수	3,860	3,963	3,916	10,143	403
부과세액 (백만 원)	957,833	3,564,824	242,011	963,651	205,132

국세청 공무원이 하는 조사가 모두 세무조사인가요?

그런데 세무서 공무원이 나와서 하는 모든 조사가 세무조사에 해당할까요?

그렇지는 않습니다. 세무조사와 유사하지만, 세무조사로 분류되지 않는 것들은 다음과 같습니다.

현장확인 : 세무공무원이 납세자의 사업장 등 현장에 나와 확인하는 절차
금융실명법에 따른 금융거래정보 제공요구 : 세무공무원이 납세자의 금융계좌 확인을 위해 은행 등 금융기관에 거래정보를 요구하는 행위
해명자료 요구, 해명자료 제출 안내, 과세자료 처리 : 과세 전단계에서 사실관계 등의 확인을 위해 납세자에게 해명 또는 소명을 요구하는 세무공무원의 행위

세무조사와 세무조사가 아닌 세무공무원의 행위를 구분하는 실익은 무엇인가요?

그렇다면 세무조사와 세무조사가 아닌 세무공무원의 행위를 구분하는 실익이 무엇일까요? 세무조사에 해당하면, 법령(국세기본법)에 정해진 절차에 따라야 한다는 측면에서 구분의 실익이 있습니다.

세무조사에 해당하면, 세무공무원은 법령에 따른 통지 절차를 준수해야 하고, 법령이 규정하는 납세자의 권리(기간 보장, 소명기회 보장 등)를 보장하여야 합니다.

더구나 세무조사는 중복하여 두 번 이상 실시할 수 없으므로, 중복조사의 금지라는 제한도 적용됩니다.

세무조사와 세무조사가 아닌 세무공무원의 행위를 구분하는 기준은 무엇인가요?

그럼 세무조사인지 아닌지는 과연 어떻게 구분할까요? 법원은 서류나 공문에 기재되어 있는 형식으로 구분하지 않고, 세무공무원의 행위를 통해 실질적으로 구분합니다.

즉, 판례에서 법원은 세무조사의 형식으로 이루어지지 않은 세무공무원의 조사나 확인 행위라 하더라도, 세무공무원이 실질적으로 질문검사권을 행사하였다고 볼 수 있는 경우라면 세무조사에 해당할 수 있다고 판시하고 있습니다.

따라서 세무조사인지 아닌지의 여부는, 형식이 아닌 그 내용이나 실질로 판단하고 있습니다.

세무조사를 담당하는 조직은? (세무조사를 담당하는 국세청 내 조직)

세무조사를 담당하는 국세청 내 조직은 국세청 본청 조사국, 국세청 산하 각 지방청 조사국, 세무서 조사과입니다.

국세청 본청	조사계획 수립, 세무조사 관련 제도 운영 등	
서울지방국세청	조사1국	법인 세무조사
	조사2국	개인 및 법인 세무조사
	조사3국	재산제세 등 세무조사
	조사4국	법인 및 개인 세무조사, 범칙조사
	국제거래조사국	국제거래관련 세무조사
중부지방국세청	조사1국	법인 세무조사
	조사2국	개인, 법인, 재산제세 세무조사
	조사3국	법인 및 개인 세무조사, 범칙조사
인천지방국세청	조사1국	법인 세무조사
	조사2국	개인 및 재산제세 세무조사
대전지방국세청	조사1국	법인 세무조사
	조사2국	개인 및 재산제세 세무조사
광주지방국세청	조사1국	법인 세무조사
	조사2국	개인 및 재산제세 세무조사
대구지방국세청	조사1국	법인 세무조사
	조사2국	개인 및 재산제세 세무조사
부산지방국세청	조사1국	법인 세무조사
	조사2국	개인 및 재산제세 세무조사
각 세무서	조사과	관내 납세자에 대한 세무조사 수행

국세청 본청 조사국은 직접 조사를 하지는 않고, 조사 계획 수립, 세무조사 관련 제도 운영 등의 업무를 수행합니다.

국세청 산하 각 지방청 조사국은 직접 세무조사를 수행하는 조직입니다. 서울 지역을 관할하는 서울지방국세청에는 조사1국, 조사2국, 조사3국, 조사4국, 국제거래조사국이 있습니다. 조사1국은 법인 세무조사, 조사2국은, 개인 및 법인 세무조사, 조사3국은 재산제세 등 세무조사, 조사4국은 법인 및 개인 세무조사·범칙조사, 국제거래조사국은 국제거래관련 세무조사를 수행합니다.

경기·강원지역을 관할하는 중부지방국세청에는 조사1국, 조사2국, 조사3국이 있습니다. 조사1국은 법인 세무조사, 조사2국은 개인·법인·재산제세 세무조사, 조사3국은 법인 및 개인 세무조사·범칙조사를 수행합니다.

인천지역을 관할하는 인천지방국세청에는 조사1국, 조사2국이 있습니다. 조사1국은 법인 세무조사, 조사2국은 개인 및 재산제세 세무조사를 수행합니다.

대전·충청지역을 관할하는 대전지방국세청에는 조사1국, 조사2국이 있습니다. 조사1국은 법인 세무조사, 조사2국은 개인 및 재산제세 세무조사를 수행합니다.

전라지역을 관할하는 광주지방국세청에는 조사1국, 조사2국이 있습니다. 조사1국은 법인 세무조사, 조사2국은 개인 및 재산제세 세무조사를 수행합니다.

대구·경북지역을 관할하는 대구지방국세청에는 조사1국, 조사2국이 있습니다. 조사1국은 법인 세무조사, 조사2국은 개인 및 재산제세 세무조사를 수행합니다.

부산·경남지역 및 제주도를 관할하는 부산지방국세청에는 조사1국, 조사2국이 있습니다. 조사1국은 법인 세무조사, 조사2국은 개인 및 재산제세 세무조사를 수행합니다.

각 세무서에는 조사과가 있습니다. 조사과는 관내 납세자에 대한 세무조사를 수행합니다.

세무조사를 지방국세청에서 담당하는지 세무서에서 담당하는지는 대상 세무조사의 난이도, 대상 납세자의 규모, 제반사정 등을 고려하여 결정합니다. 아무래도 세무서에서 수행하는 세무조사보다 지방국세청에서 수행하는 세무조사가 납세자의 입장에서 더 대응하기 어려운 것은 맞습니다.

누가 세무조사 대상자로 선정되나요? (세무조사 대상자 선정)

세무조사 대상자 선정에 대해서는 국세기본법에서 규정하고 있으며, 이에 따라 정기 세무조사와 비정기 세무조사로 구분하여 실시하고 있습니다.

정기 세무조사

정기 세무조사는 선정 유형별 기준에 따라 조사대상이 선정되며 비정기 세무조사는 구체적인 탈루 혐의 등 법에서 정한 사유가 있는 경우 세무조사 대상으로 선정됩니다.

정기 세무조사를 하는 사유

1. 국세청장이 납세자의 신고 내용에 대하여 과세자료, 세무정보 및 주식회사의 외부감사에 관한 법률에 따른 감사의견, 외부감사 실시내용 등 회계성실도 자료 등을 고려하여 정기적으로 성실도를 분석한 결과 불성실 혐의가 있다고 인정하는 경우
2. 최근 4과세기간 이상 같은 세목의 세무조사를 받지 아니한 납세자에 대하여 업종, 규모, 경제력 집중 등을 고려하여 신고 내용이 적정한지를 검증할 필요가 있는 경우
3. 무작위 추출방식으로 표본조사를 하려는 경우

1. 국세청이 여러 자료들을 취합한 후 전산시스템을 통해 납세자의 성실도를 분석하여 불성실 혐의가 있다고 인정되면 정기 세무조사를 실시합니다.
2. 큰 대기업(수입금액 2,000억 원 이상)이나 개인사업자(수입금액 500억 원 이상)의 경우 원칙적으로 5년에 한 번 정도 정기 세무조사를 실시하고, 그렇지 않은 회사나 개인사업자의 경우 오랜 기간 동안 세무조사를

받지 아니하면 정기 세무조사의 대상이 됩니다

3. 이외에도 랜덤하게 세무조사 대상을 선정할 수도 있습니다.

다만 일자리창출기업, 투자확대기업 등이나 규모가 아주 작은 사업체의 경우에는 일정 기준 하에서 세무조사 대상에서 제외되기도 합니다.

비정기 세무조사

비정기 세무조사를 하는 사유

1. 납세자가 세법에서 정하는 신고, 성실신고확인서의 제출, 세금계산서 또는 계산서의 작성 · 교부 · 제출, 지급명세서의 작성 · 제출 등의 납세협력의무를 이행하지 아니한 경우
2. 무자료거래, 위장 · 가공거래 등 거래 내용이 사실과 다른 혐의가 있는 경우
3. 납세자에 대한 구체적인 탈세 제보가 있는 경우
4. 신고 내용에 탈루나 오류의 혐의를 인정할 만한 명백한 자료가 있는 경우
5. 납세자가 세무공무원에게 직무와 관련하여 금품을 제공하거나 금품 제공을 알선한 경우

법령에서 열거된 사유 없이 국세청이 세무조사 대상을 잘못 선정하는 경우 어떻게 되나요?

법원 재판과정에서, 세무조사 대상 선정 사유가 있는지가 문제된 적이 있습니다. 법원은 국세청에게 해당 납세자가 세무조사 대상자로 선정된 사유가 무엇인지 구체적으로 밝히라고 하였고, 국세청이 이를 구체적으로 밝히지 못하면 해당 세무조사도 위법하다고 판시하였습니다.

따라서 세무조사 대상 선정사유 없이 세무조사를 진행하면 그 세무조사는 위법하고, 그러한 세무조사를 통해 고지된 처분 역시 위법합니다.

국세청이 중복해서 다시 세무조사를 한다면? (중복세무조사)

중복세무조사가 무엇인가요?

국세청이 같은 납세자에 대해 중복해서 다시 세무조사를 한다면 이는 위법한 세무조사입니다. 국세기본법은 같은 세목, 같은 과세기간에 대하여 재조사를 할 수 없다고 규정하고 있습니다.

따라서 중복세무조사를 판단할 때에는 같은 세목이고 같은 과세기간인지 여부를 살펴보아야 합니다. 예를 들어, 양도소득세와 증여세는 별개의 세목이므로, 납세자에 대해 양도소득세 세무조사 이후 증여세 세무조사를 하더라도 중복은 아닙니다. 또한 2022년 법인세 세무조사를 했더라도 2023년 법인세 세무조사를 하는 것은 중복 세무조사에 해당하지 않습니다.

중복세무조사가 허용되는 상황은 무엇인가요?

다만 예외적으로 같은 세목·같은 과세기간에 대해 중복해서 다시 세무조사를 하는 경우도 있습니다. 국세기본법은 중복세무조사의 예외사유를 다음과 같이 규정하고 있습니다.

- 조세탈루의 혐의를 인정할 만한 명백한 자료가 있는 경우
- 거래상대방에 대한 조사가 필요한 경우
- 2개 이상의 과세기간과 관련하여 잘못이 있는 경우
- 조세심판원의 재조사 결정에 따라 조사를 하는 경우
- 납세자가 세무공무원에게 직무와 관련하여 금품을 제공하거나 금품 제공을 알선한 경우
- 부분조사를 실시한 후 해당 조사에 포함되지 아니한 부분에 대하여 조사하는 경우
- 부동산투기, 매점매석, 무자료거래 등 경제질서 교란 등을 통한 세금탈루 혐의가 있는 자에 대하여 일제조사를 하는 경우
- 과세관청 외의 기관이 직무상 목적을 위해 작성하거나 취득해 과세관청에 제공한 자료의 처리를 위해 조사하는 경우
- 국세환급금의 결정을 위한 확인조사를 하는 경우

국세청은 주로 납세자의 '조세탈루의 혐의를 인정할 만한 명백한 자료'를 확보한 후 다시 세무조사에 착수하게 됩니다. 탈세제보, 거래처에 대한 세무조사 관련 자료, 형사판결문, 민사판결문 등이 여기서 말하는 '명백한 자료'에 해당합니다.

그렇다면 국세청이 중복하여 세무조사를 하면 어떻게 될까요? 중복세무조사를 통해 이루어진 과세처분이 위법하게 됩니다. 보통 중복세무조사는 법원의 재판 과정에서 다투어지게 되며, 법원이 중복세무조사인지 여부를 판단하게 됩니다.

세무조사 기간은 얼마나 되나요? (세무조사 기간)

세무조사 기간은 조사대상 세목·업종·규모·조사 난이도 등을 고려하여 정해집니다.

연간 수입금액 또는 양도가액이 100억 원 미만인 납세자에 대한 세무조사는 원칙적으로 20일 이내입니다. 여기서 20일은 공휴일까지 다 포함한 기간을 의미합니다. 다만 다음의 사례는 20일 이내의 제한을 받지 않습니다.

1. 무자료거래, 위장·가공거래 등 거래 내용이 사실과 다른 혐의가 있어 실제 거래 내용에 대한 조사가 필요한 경우
2. 국제거래를 이용하여 세금을 탈루(脫漏)하거나 국내 탈루소득을 해외로 변칙유출한 혐의로 조사하는 경우
3. 명의위장, 이중장부 작성, 차명계좌 이용, 현금거래 누락 등의 방법을 통하여 세금을 탈루한 혐의로 조사하는 경우
4. 거짓계약서 작성, 미등기양도 등을 이용한 부동산 투기 등을 통하여 세금을 탈루한 혐의로 조사하는 경우
5. 상속세·증여세 조사, 주식변동 조사, 범칙사건 조사 및 출자·거래관계에 있는 관련자에 대하여 동시조사를 하는 경우

그리고 세무조사 기간이 부족한 경우에는 법령에서 정해진 절차에 따라 세무조사 기간을 연장할 수 있습니다. 또한 세무조사 기간이 여러 이유로 중지될 수도 있습니다. 납세자가 자료 준비 등을 이유로 세무조사 중지를 신청할 수도 있습니다.

더 이상 조사할 사항이 없다고 판단될 때에는, 조사기간 종료 전이라도 세무공무원이 조사를 조기에 종결할 수 있습니다.

세무조사 진행 방법에는 어떠한 종류가 있나요?

세무조사를 하는 범위와 방법에 따라 통합조사, 세목별 조사, 부분조사로 구분할 수 있습니다.

통합조사

세무조사는 납세자의 사업과 관련하여 세법에 따라 신고·납부의무가 있는 세목을 통합하여 실시하는 것을 원칙으로 합니다. 이를 통합조사의 원칙이라고 합니다.

예를 들어, 개인사업자 홍길동 씨에 대해 세무조사가 이루어진다면, 사업장에 대한 부가가치세 조사와 종합소득세 조사가 동시에 이루어지는 것이 원칙입니다.

세목별 조사

다만 예외적으로 관련한 세목 전부에 대한 조사가 아닌 일부 세목에 대한 조사가 이루어지기도 합니다. 이를 세목별 조사라고 합니다. 세목별 조사가 이루어지는 경우는 다음과 같습니다.

1. 세목의 특성, 납세자의 신고유형, 사업규모 또는 세금탈루 혐의 등을 고려하여 특정 세목만을 조사할 필요가 있는 경우
2. 조세채권의 확보 등을 위하여 특정 세목만을 긴급히 조사할 필요가 있는 경우
3. 그 밖에 세무조사의 효율성 및 납세자의 편의 등을 고려하여 특정 세목만을 조사할 필요가 있는 경우

예를 들어, 개인사업자 홍길동 씨에 대해 종합소득세에 대해서는 조사하지 않고, 부가가치세 세목만 조사하는 세목별 조사가 이루어지기도 합니다. 이러한 사례는 보통 가공자료의 수취 등 부가가치세 관련 쟁점이 문제가 되는 경우가 많습니다.

부분조사

또한 한 세목에 대해서도 일부만 조사하는 경우가 있는데 이를 부분조사라고 합니다. 예를 들어 위 사례에서 개인사업자 홍길동 씨의 종합소득세 세목 중 일부 항목만(또는 일부 항목만 제외하고) 조사를 할 수 있습니다. 부분조사가 이루어지는 경우는 다음과 같습니다.

1. 경정 등의 청구에 대한 처리 또는 국세환급금의 결정을 위하여 확인이 필요한 경우
2. 조세심판원의 재조사 결정에 따라 사실관계의 확인 등이 필요한 경우
3. 거래상대방에 대한 세무조사 중에 거래 일부의 확인이 필요한 경우
4. 납세자에 대한 구체적인 탈세 제보가 있는 경우로서 해당 탈세 혐의에 대한 확인이 필요한 경우
5. 명의위장, 차명계좌의 이용을 통하여 세금을 탈루한 혐의에 대한 확인이 필요한 경우

6. 그 밖에 세무조사의 효율성 및 납세자의 편의 등을 고려하여 특정 사업장, 특정 항목 또는 특정 거래에 대한 확인이 필요한 경우

법령에서 엄격하게 중복세무조사를 금지하고 있기 때문에, 중복세무조사라는 위법을 방지하기 위해 부분조사가 주로 이루어집니다.

관련인에 대한 동시조사

그 밖에 조사의 효율성, 납세자 편의 등을 감안하여 관련인에 대한 동시조사가 이루어지기도 합니다. 조사공무원은 조사대상 납세자와 출자관계에 있는 자, 거래가 있는 자 또는 납세자와 특수관계에 있는 자를 함께 조사할 수 있습니다.

세무조사가 시작되는 경우 국세청은 이를 언제 어떻게 알려 주나요?

세무조사 사전통지

조사공무원이 세무조사를 할 경우 조사를 받을 납세자에게 조사 시작 20일 전에 통상 우편으로 사전통지를 합니다. 통지 내용은 다음과 같습니다.

1. 납세자 또는 납세관리인의 성명과 주소 또는 거소
2. 조사기간
3. 조사대상 세목 및 조사 사유
4. 부분조사를 실시하는 경우에는 해당 부분조사의 범위
5. 그 밖에 필요한 사항

실제로 조사공무원이 보내는 통지서 양식은 다음과 같습니다.

[별지 제54호 서식] (2022. 3. 18. 개정)

국세청 National Tax Service

행 정 기 관 명

수신자

제 목 세무조사 사전 통지

귀하(귀사)에 대한 세무조사를 실시하기에 앞서 아래와 같이 알려드립니다. (근거:「국세기본법」 제81조의7제1항 및 같은 법 시행령 제63조의6)

<table>
<tr><td rowspan="2">납 세 자</td><td>상 호
(성 명)</td><td></td><td>사업자등록번호
(생 년 월 일)</td><td></td></tr>
<tr><td>사업장
(주 소)</td><td colspan="3"></td></tr>
<tr><td colspan="2">조사대상 세목</td><td colspan="3"></td></tr>
<tr><td colspan="2">조사대상 과세기간
(자료요청 대상기간)</td><td colspan="3">년 월 일 ~ 년 월 일</td></tr>
<tr><td colspan="2">조 사 기 간</td><td colspan="3">년 월 일 ~ 년 월 일</td></tr>
<tr><td colspan="2">조 사 사 유</td><td colspan="3"></td></tr>
<tr><td colspan="2">조사 제외 대상</td><td colspan="3">세목: 과세기간: 범위:</td></tr>
<tr><td colspan="2">부분조사 범위</td><td colspan="3"></td></tr>
</table>

만약 귀하(귀사)에게 「국세기본법 시행령」 제63조의7제1항에 해당하는 사유가 있으면 세무조사의 연기를 신청할 수 있습니다.

※ 「국세기본법 시행령」 제63조의7제1항에 해당하는 사유

1. 화재, 그 밖의 재해로 사업상 심각한 어려움이 있을 때
2. 납세자 또는 납세관리인의 질병, 장기 출장 등으로 세무조사를 받기 곤란하다고 판단될 때
3. 권한 있는 기관에 장부, 증거서류가 압수되거나 영치되었을 때
4. 제1호부터 제3호까지의 규정에 준하는 사유가 있을 때. 끝.

발신명의 직인

이 통지에 대한 문의 사항 또는 조사 시작 전 세무조사 연기신청 등에 관한 궁금한 사항은 ○○○과 담당자 ○○○(전화:)에게 연락하시기 바라며 조사 시작 이후 세무조사와 관련하여 불편·애로 사항이 있을 때에는 납세자보호담당관 ○○○(전화:)에게 연락하시면 친절하게 상담해 드리겠습니다.

기안자 직위(직급) 서명 검토자 직위(직급)서명 결재권자 직위 (직급)서명

협조자

시행 처리과 - 일련번호(시행일자) 접수 처리과명 - 일련번호(접수일자)

우 주소 / 홈페이지 주소

전화( ) 전송( ) / 기안자의 공식전자우편주소 / 공개구분

210㎜×297㎜[일반용지 70g/㎡(재활용품)]

사전통지를 하지 않는 경우

다만 조사공무원은 일정한 요건 하에 미리 사전통지를 생략하고 세무조사를 곧바로 시작할 수 있습니다. 즉, '증거인멸 등'으로 조사 목적을 달성할 수 없다고 인정되는 경우에는 조사공무원이 사전통지를 생략하고 곧바로 세무조사를 시작할 수 있습니다. 하지만 그러한 경우라도 조사공무원은 납세자에게 세무조사 통지서를 교부하여야 합니다.

세무조사 사전통지를 하지 않고 조사를 시작하는 경우, 보통 납세자들은 당황하게 됩니다. 갑자기 사업장에 국세청 공무원들이 와서 세무조사를 시작하겠다고 하는 경우입니다. 이럴 때에는 당황하지 말고 세무대리인의 조력을 반드시 받으시기 바랍니다.

세무조사 통지에 하자가 있는 경우

만약 조사공무원이 세무조사 통지를 하지 않거나 통지에 하자가 있는 경우, 세무조사의 효력은 어떻게 될까요? 법원은 그러한 사정만으로 세무조사의 위법을 판단하지 않고, 전체적으로 세무조사가 이루어진 사정을 종합적으로 보아 세무조사의 위법을 판단하고 있습니다. 따라서 단순히 세무조사 통지를 받지 못하였다는 사정만으로 세무조사가 위법하다고 단정할 수는 없습니다.

다만 세무조사 통지가 중복세무조사 등 명백히 위법한 경우라면 예외적으로 곧바로 법원에 소송을 제기할 수 있습니다. 또한 진행되는 세무조사를 중지하기 위해 집행정지라는 절차를 법원에 신청할 수도 있습니다.

세무조사 통지를 받은 납세자가 사정이 있는 경우 세무조사 연기가 가능할까요?

사정이 있는 경우 세무조사가 시작되기 전에 세무조사 연기가 가능합니다. 세무조사 연기가 가능한 사유는 다음과 같습니다.

1. 화재, 그 밖의 재해로 사업상 심각한 어려움이 있을 때
2. 납세자 또는 납세관리인의 질병, 장기출장 등으로 세무조사가 곤란하다고 판단될 때
3. 권한 있는 기관에 장부, 증기서류가 압수되거나 영치되었을 때
4. 제1호부터 제3호까지의 규정에 준하는 사유가 있을 때

세무조사 연기 신청을 하기 위해서는 공무원에게 문서로 연기 신청을 하여야 합니다. 세무공무원이 연기신청을 받으면, 연기신청 승인 여부를 결정하게 됩니다. 세무공무원은 연기 신청에 대한 결과를 납세자에게 통지합니다.

세무조사 연장 통지 서식은 다음과 같습니다.

■ 국세기본법 시행규칙 [별지 제55호의3 서식] <개정 2025. 3. 21.>

국세청 National Tax Service

행 정 기 관 명

수신자

(경유)

제 목 **세무조사 기간 연장 통지**

귀하(귀사)에 대한 세무조사 기간이 아래와 같은 사유로 연장되었음을 「국세기본법」 제81조의8제7항에 따라 알려드립니다.

납 세 자 또는 납세관리인	상 호 (성 명)		사업자등록번호 (생 년 월 일)	
	사업장 (주 소)			
당초 조사기간		년 월 일 ~ 년 월 일		
연장 조사기간		년 월 일 ~ 년 월 일		
연장 사유				

끝.

발신명의 직인

- 세무조사 기간 연장은 「국세기본법」 제81조의18제2항제1호에 따른 납세자보호위원회의 심의(중소규모납세자 외의 납세자인 경우)와 같은 법 제81조의8제3항에 따른 관할 세무관서의 장(1회 연장인 경우) 또는 관할 상급 세무관서의 장(2회 이후 연장인 경우)의 승인를 거쳐 결정한 것입니다.
- 이 통지 내용에 대해 문의 사항이 있는 경우 ○○○과 담당자 ○○○(전화:)에게 연락하시면 친절하게 상담해 드리겠습니다.
- 통지 결과에 이의가 있는 경우 납세자보호담당관에게 권리보호를 요청하실 수 있습니다.
- 자세한 권리보호 요청 방법에 대해 안내를 원하시거나 세무조사와 관련하여 불편·애로 사항이 있으시면 납세자보호담당관실 담당자 ○○○(전화:)로 연락하시기 바랍니다.

기안자 직위(직급) 서명 검토자 직위(직급)서명 결재권자 직위 (직급)서명

협조자

시행 처리과 - 일련번호(시행일자) 접수 처리과명 - 일련번호(접수일자)

우 주소 / 홈페이지 주소

전화( ) 전송( ) / 기안자의 공식전자우편주소 / 공개구분

210㎜×297㎜[백상지 80g/㎡(재활용품)]

세무공무원의 행동 수칙에 대하여

세무공무원이 수행하는 세무조사는 납세자에게 상당한 부담을 주는 행위이므로, 국세청은 세무조사를 수행하는 공무원이 지켜야 할 행동수칙을 정해두고 수시로 이를 교육하도록 합니다. 그 내용은 다음과 같습니다.

조사공무원의 행동수칙

1. 조사공무원의 기본자세

1) 조사공무원은 조사공무원 행동수칙을 숙지하고 모든 조사업무 수행과정에서 철저히 지켜야 한다.
2) 조사공무원은 공평과세 실현 및 성실신고 담보의 주역이라는 긍지와 확고한 사명감을 가지고 조사에 임하여 창의적이고 적극적인 자세로 업무를 수행하여야 한다.
3) 조사공무원은 조사공무원으로서의 자질 향상과 조사기법의 개발을 위하여 부단히 연구하고 노력하여야 한다.
4) 조사공무원은 세정의 최일선 역군으로서 국세공무원의 거울이 됨을 명심하고 조사에 임하여서는 불필요한 언행을 삼가며 항상 친절하고 예의바른 자세와 존댓말을 사용하여야 한다.
5) 조사공무원은 법률이 정한 납세자의 권익을 최대한으로 보장하고 세무조사로 인한 영업활동이나 사생활의 불편을 최소화하여야 한다.
6) 조사공무원은 관련 법규를 해석하거나 과세요건 존부 등 사실판단을 하는 경우 심도 있고 신중하게 업무를 수행하여 과세처분이 부실화되지 않도록 최선의 노력을 하여야 한다.
7) 조사공무원은 세무조사와 관련하여 알게 된 정보를 법률에 정하여진 경우 외에는 어떠한 경우에도 타인에게 제공 또는 누설하거나 다른 목적에 이용하여서는 아니 된다.
8) 조사공무원은 조사장소 등 지정된 장소 이외에서는 조사를 받는 업체의 관계자와 어떠한 접촉도 하여서는 아니 된다.
9) 조사공무원은 어떠한 청탁이나 부정·불의와도 타협해서는 아니 되며 조사시작 전, 조사진행 중, 조사종결 후 그 어느 때에도 향응을 제공받거나 금품수수 등을 하여서는 아니 된다.

2. 조사시작 전에 지켜야 할 사항

1) 조사공무원은 세무조사가 신속하고 효율적으로 진행될 수 있도록 필요한 자료를 사전에 수집, 분석하는 등 준비조사를 철저히 하여야 한다.
2) 조사공무원은 조사계획 등 관련 정보가 사전에 누설되지 않도록 주의하여야 한다.
3) 관리자는 조사공무원에게 조사 출장 전 조사공무원 행동수칙에 대한 교육을 실시하여야 한다.

3. 조사를 시작할 때 지켜야 할 사항

1) 조사공무원은 조사처에 도착 즉시 조사시작상황, 연락처 등을 관리자에게 보고하여야 한다.
2) 세무조사를 시작할 때에는 조사원증을 보여준 후 납세자권리헌장을 교부하고 그 요지를 납세자에게 직접 낭독해 주어야 하며, 납세자에게 조사사유, 조사기간, 조사범위, 권리보호요청제도 등을 상세히 설명하여야 한다.
3) 납세자가 세무조사를 거부하는 경우에는 충분한 설명으로 납세자의 이해를 구하고 그 사실을 관리자에게 보고하여 지휘에 따라야 한다.

4. 조사진행 중에 지켜야 할 사항

1) 조사공무원은 조사업무 수행 중에 조사목적을 벗어난 어떠한 사적편의 제공을 요구해서는 아니 된다.
2) 조세범 처벌절차법에 의하지 아니하고는 어떠한 경우에도 납세자의 주택이나 사업장 또는 사무실 등을 임의로 압수·수색하여서는 아니된다. 다만, 납세자가 동의하는 경우에는 장부나 증빙서류를 관리자의 지시에 따라 조사관서에 일시 보관할 수 있다.
3) 조사공무원은 조사계획에 의한 조사방법, 조사범위, 조사기간을 반드시 지켜야 한다. 다만, 조사계획의 변경이 필요할 경우 납세자에게 그 이유를 설명해야 한다.
4) 조사공무원은 조사내용을 납세자 또는 납세자가 위임한 세무대리인에게 설명해야 하고, 이견이 제시되는 경우에는 이를 검토하여야 한다.

5) 납세자가 조사내용에 대하여 이견이 있는 경우 그 주장이 옳다고 판단되면 즉시 시정해야 한다. 또한 납세자가 계속 부당하다는 주장을 할 경우 조사공무원은 과세기준자문제도 및 과세사실판단자문제도를 적극 활용하여 납세자에게 부당한 과세가 발생하지 않도록 최선의 노력을 하여야 한다.
6) 조사공무원은 다툼이 예상되는 사항에 대하여는 과세근거 및 관련 증빙확보를 철저히 하여 납세자의 불복청구나 쟁송에 대비하여야 한다.
7) 조사공무원은 매일의 조사를 마치면서 납세자의 협조에 대한 감사의 뜻을 표시해야 하며 다음 조사일시를 명확히 예고하되 약속일시를 지키지 못할 경우에는 사전에 납세자에게 알려야 한다.
8) 조사공무원은 조사내용을 관리자에게 상세히 보고하고 앞으로의 조사방향을 지시받아야 한다.
9) 조사공무원은 조사와 관련하여 대내외로부터의 청탁이나 압력을 받은 경우 즉시 직상급자 또는 소속기관장에게 보고하여야 한다.
10) 조사공무원은 납세자의 일과시간 내에 조사를 실시하여야 한다. 다만, 납세자의 요구 등 부득이한 사유가 있는 경우에는 일과시간 외에도 조사할 수 있다.

5. 조사를 마칠 때 지켜야 할 사항

1) 조사공무원은 조사를 마칠 때에는 납세자에게 조사가 종결되었음을 알리고 조사기간 동안 성실히 조사에 협조하여 준 데 대하여 감사의 인사를 하여야 한다.
2) 조사공무원은 조사 중에 제출받은 조사관련 장부와 증빙서류를 납세자에게 조사기간이 종료된 이후 반환하여야 한다.
3) 조사공무원은 조사종결 즉시 종결보고를 하고, 관리자의 지시에 따라 처리하여야 한다.
4) 조사공무원은 조사적출 내용 등 조사진행 사항에 대하여 조사관계자 이외의 타인에게 보안을 철저히 유지해야 한다.
5) 조사공무원은 조사과정에서 발생한 과세자료 또는 정보가 활용될 수 있도록 적절한 조치를 하여야 한다.
6) 납세자가 조사결과에 불만이 있을 경우 권리구제절차(과세전적부심사청구, 이의신청, 심사청구, 심판청구 등)에 대하여 설명하여야 한다.

세무조사가 시작되면 받는 서류는 무엇인가요?

세무조사가 시작되면 세무조사 사전 통지서나 세무조사 통지서를 받게 됩니다. 세무조사 사전 통지서에 대해서는 앞에서 설명 드렸고, 세무조사 통지서도 이와 유사합니다.

조사원증

공무원은 세무조사를 시작할 때, 납세자가 조사하는 공무원의 신원을 확인할 수 있도록 납세자에게 신분증과 조사원증을 제시하여야 합니다. 조사원증은 다음과 같습니다.

제 호

조 사 원 증

조 사 부 서		조사1국 조사2과	조 사 과 장 (성 명)	홍길동
조사 담당	조 사 팀 장 (성 명)	나조사	조 사 팀 원 (성 명)	김길동 외 3명
조사 대상	상 호 (법 인 명)	(주)가나다상사	성 명 (대 표 자)	김무역
	사업장소재지 (소 재 지)			
조 사 대 상 세 목				
조 사 대 상 기 간		부터 까지		
조 사 기 간		부터 까지		
조 사 목 적		※ 세무조사 사전통지의 "조사사유"를 준용하여 구체적으로 기재		
조 사 제 외 대 상		세목 : 과세기간 : 범위 :		

위의 사람은 각 세법에 규정한 질문조사 또는 검사권에 의하여 해당 세목에 관계되는 사항을 질문하거나 장부·서류 그 밖의 물건을 조사하고 그 제출을 요구할 수 있는 권한이 주어졌음을 증명합니다.
(조사범위가 확대되거나 조사기간이 연장되면, 확대된 범위, 연장기간까지 권한이 있습니다)

년 월 일

장 ㊞

납세자권리헌장

그리고 세무조사를 시작할 때 세무공무원은 납세자에게 납세자권리헌장을 교부하고 낭독하여야 합니다.

납세자권리헌장

납세자의 권리는 헌법과 법률에 따라 존중되고 보장됩니다.

납세자는 신고 등의 협력의무를 이행하지 않았거나 구체적인 조세탈루 혐의가 없는 한 성실하다고 추정되고 법령에 의해서만 세무조사 대상으로 선정되며, 공정한 과세에 필요한 최소한의 기간과 범위에서 조사받을 권리가 있습니다.

납세자는 증거인멸의 우려 등이 없는 한 세무조사 기간과 사유를 사전에 통지받으며, 사업의 어려움으로 불가피한 때에는 조사의 연기를 요구하여 그 결과를 통지받을 권리가 있습니다.

납세자는 세무대리인의 조력을 받을 수 있고 명백한 조세탈루혐의 등이 없는 한 중복조사를 받지 아니하며, 장부·서류는 탈루혐의가 있는 경우로서 납세자의 동의가 있어야 세무관서에 일시 보관될 수 있습니다.

납세자는 세무조사 기간이 연장 또는 중지되거나 조사범위가 확대될 때, 그리고 조사가 끝났을 때 그 사유와 결과를 서면으로 통지받을 권리가 있습니다.

납세자는 위법·부당한 처분 또는 절차로 권익을 침해당하거나 침해당할 우려가 있을 때 그 처분의 적법성에 대하여 불복을 제기하여 구제받을 수 있으며, 납세자보호담당관과 보호위원회를 통하여 정당한 권익을 보호받을 수 있습니다.

납세자는 자신의 과세정보에 대해 비밀을 보호받고 권리행사에 필요한 정보를 신속하게 제공받을 수 있으며, 국세공무원으로부터 언제나 공정한 대우를 받을 권리가 있습니다.

국세청장

청렴서약서

또한 세무조사 과정에서 어떠한 부정한 행위를 하지 않을 것임을, 납세자와 공무원이 함께 서약하는 청렴서약서도 작성하게 됩니다.

청 렴 서 약 서

□ 조사받는 납세자 인적사항

대 표 자 성 명		생 년 월 일	
상 호(법 인 명)		사업자등록번호	
주소 또는 영업소			

위 조사받는 납세자와 그 세무대리인은 201 . . 부터 201 . . 까지 실시하는 ( ) 세무조사와 관련하여 조사시작에서부터 종결까지는 물론 조사종결 후에도 금품 · 향응 또는 공무수행 목적 외의 사적편의를 제공 · 알선하지 않을 것이며, 조사공무원으로부터 부당한 요구가 있을 경우에는 단호히 거절할 것입니다.

이를 위반한 경우에는 관계 법령 또는 규정에 따라 형사처벌, 세무조사 실시 및 세정상 각종 혜택배제, 징계 등 어떠한 처벌이나 불이익도 감수할 것임을 서약하고 이를 ( )지방국세청장 (세무서장)에게 제출합니다.

201 년 월 일

위 서약자 납 세 자 성명 (인)

세무대리인 성명 (인)

우리 조사공무원은 위 납세자에 대한 세무조사와 관련하여 청탁이나 부정 · 불의와 타협하지 않고 금품 및 향응 등 부당한 편의를 제공받지 않을 것이며, 이를 위반한 경우에는 관계 법령 또는 규정에 따라 인사처분 및 형사처벌 등 응분의 책임을 감수할 것임을 서약하고, 이를 ( )지방국세청장(세무서장)에게 제출합니다.

201 년 월 일

위 서약자 소속 직급 성명 (인)

직급 성명 (인)

직급 성명 (인)

직급 성명 (인)

직급 성명 (인)

직급 성명 (인)

지방국세청장(세무서장) 귀하

세무조사 시작 후 세무조사가 실제로 어떻게 진행되나요?

자료제출 요구

국세청은 세무조사 시작 전에 어느 정도 세무조사의 진행 방향을 정하기 때문에, 세무조사가 시작되면 세무공무원은 납세자에게 몇 가지 항목에 대해 관련 자료를 제출하고 소명하라고 요청하게 됩니다.

국세청은 각종 세무신고자료, 등기자료, 주민등록 자료, 판결문 등은 기본적으로 보유하고 있고, 계좌거래내역도 이미 확보해 놓은 경우가 많습니다. 따라서 세무공무원은 그 외의 자료(계약서, 내부 검토서, 경위서 등)를 납세자에게 요청하는 경우가 많습니다.

세무공무원이 납세자에게 자료를 요청하고, 자신들이 보유하고 있는 자료 등을 종합하여 과세할 수 있는 혐의점을 확인하고, 이러한 혐의점에 대해 납세자에게 다음과 같은 형식의 서류를 통해 소명을 요구합니다.

■ 조사사무처리규정 [별지 제18호 서식]

국세청 National Tax Service

기 관 명

수신자 (주)○○ 홍길동

제 목 장부 · 서류 등 자료 제출 요구

귀하(귀사)에 대한 세무조사와 관련하여 아래와 같이 장부·서류 등 자료의 제출을 요구합니다.

* 제출기한까지 자료를 제출하지 않으면 세무조사를 중지하거나 조사기간을 연장할 수 있습니다.

<table>
<tr><td rowspan="2">납 세 자</td><td>상 호
(성 명)</td><td></td><td>사업자등록번호
(생 년 월 일)</td><td></td></tr>
<tr><td>사업장
(주 소)</td><td colspan="3"></td></tr>
<tr><td colspan="2">자 료 제 출 기 한</td><td colspan="3">202 . . .</td></tr>
<tr><td colspan="5">자료 제출 요구 명세</td></tr>
<tr><td colspan="5">(작성예시)
귀사에 대한 세무조사와 관련하여 『소득세법』제170조 및『법인세법』제122조의 질문·조사 규정 등에 의거 붙임과 같이 국제거래에 대한 자료 제출(소명)을 요구합니다.
붙임 : 자료제출 요구 목록</td></tr>
<tr><td colspan="5">※ 세무공무원의 질문에 대하여 거짓으로 진술하거나 장부 등의 조사 또는 제출명령에 거부·기피하거나 허위장부를 제출하는 경우에는 「국세기본법」 제88조에 따라 5천만 원 이하의 과태료가 부과될 수 있음을 알려드립니다.</td></tr>
</table>

발신명의 [직인]

기안자(직위/직급) 서명 검토자(직위/직급) 서명 결재자(직위/직급) 서명

협조자(직위/직급) 서명

시행 처리과명 - 일련번호(시행일자) 접수 처리과명 - 일련번호(접수일자)

우 주소 / 홈페이지 주소

전화( ) , 전송( ) / 공무원의 공식 전자우편주소 / 공개구분

210㎜×297㎜(신문용지 54g/㎡)

<table>
<tr><th colspan="5">[붙임] 자료제출 요구 목록</th></tr>
<tr><td rowspan="3">납세자</td><td>법 인 명
(상호)</td><td></td><td>사 업 자 등 록 번 호</td><td></td></tr>
<tr><td>대 표 자
(성명)</td><td></td><td>생 년 월 일</td><td></td></tr>
<tr><td>주 소</td><td colspan="3"></td></tr>
</table>

관련자료 제출요구 명세		
번호	요구자료명	제출기한

세무공무원이 제기한 혐의점에 대해 납세자가 명확하게 소명하고 입증한다면, 세무공무원은 당초 혐의점에 대한 과세를 하지 않지만, 만약 납세자의 소명이 충분하지 않는 경우에는 이러한 혐의점에 대한 과세를 할 수 있습니다.

따라서 세무공무원의 소명 요구에 대해 납세자가 어떻게 답변하는지에 따라 과세 여부가 결정되는 것이므로, 이러한 부분은 전문가(세무사, 회계사, 변호사)의 도움을 반드시 받을 필요가 있습니다.

확인서 및 진술서

또한 조사과정에서 조사공무원은 납세자로부터 확인서나 진술서를 받을 수 있습니다. 세무조사 과정에서 작성한 확인서나 진술서의 효력은 추후 불복이나 재판과정에서 번복할 수 없으므로, 확인서 및 진술서 작성 단계에서 신중히 대응해야 할 필요가 있습니다.

확인서 및 진술서는 과세의 중요한 자료로 사용되므로, 작성 단계에서 반드시 전문가(세무사, 회계사, 변호사)의 도움을 받으시길 바랍니다. 특히 세무서에 방문하여 문답형으로 진행되는 진술서의 경우에는 진술과정에서 세무대리인의 조력을 받을 수 있기 때문에, 되도록 세무대리인과 함께 세무서를 방문하시길 바랍니다.

■ 조사사무처리규정 [별지 제40호 서식]

확 인 서

<table>
<tr><td rowspan="3">확인자</td><td>성 명</td><td></td><td>주민등록번호</td><td></td></tr>
<tr><td>주 소</td><td colspan="3"></td></tr>
<tr><td>관 계</td><td colspan="3"></td></tr>
<tr><td rowspan="2">소속회사</td><td>법인명
(상호)</td><td></td><td>사업자등록번호</td><td></td></tr>
<tr><td>소재지</td><td></td><td>대표자 성명
(주민등록번호)</td><td></td></tr>
</table>

< 확 인 사 실 > *(작성예시)*

1. 본인은 건축자재를 수입하여 판매하는 ㈜○○상사의 대표이사로서 '00. 0. 0.부터 현재까지 회사를 운영하고 있습니다.

2. 본인은 '00.0월 초순경 △△상사 대표 ○○○로부터 세금계산서 없이 대리석을 구입하고 싶다는 전화를 받고 ㈜○○상사 명의로 '00. 0. 00. 수입한 건축자재 중 일부인 대리석 100개(개당 단가 50만 원)를 '00. 0. 00. 서울시 ○○구 ○○동 00 - 0에 있는 △△상사(대표 ○○○)에게 5천만 원(부가가치세 제외금액)에 판매하였습니다.

3. 당초 거래를 할 때부터 세금계산서를 교부하지 않기로 했기 때문에 세금계산서를 발행하지 않고 매출로도 계상하지 못했으며, '00. 1기분 부가세 확정신고시에도 동 금액을 신고누락 하였습니다.

4. 매출누락한 대리석 100개는 당 법인의 상품수불부에 현재까지도 재고상품으로 계상되어 있고, 그 가액은 취득가액인 45백만 원입니다.

5. 본인은 '00. 0. 00. ○○○로부터 위 대리석 매출대금 5천만 원을 ○○은행 ○○지점에서 발행한 1천만 원권 자기앞수표 5매(바가 12345671~12345675)로 수취한 후 '00. 0. 00. 본인 명의로 ○○은행 ○○지점에서 개설된 보통예금(000 - 000 - 000)에 입금하여 관리하고 있으며, 개인 생활비 등으로 사용하고 있습니다.

붙 임 : 1. 상품수불부(상품계정)
2. 보통예금 거래내역

202 . . .

위 확인자
성 명 : ㊞

세무공무원 귀하

■ 조사사무처리규정 [별지 제42호 서식]

진 술 서 (문답형)

<table>
<tr><td rowspan="3">진
술
자</td><td>성 명</td><td></td><td>주민등록번호</td><td></td></tr>
<tr><td>주 소</td><td colspan="3"></td></tr>
<tr><td>관 계</td><td colspan="3"></td></tr>
<tr><td rowspan="2">소
속
회
사</td><td>법인명
(상호)</td><td></td><td>사업자등록번호</td><td></td></tr>
<tr><td>소재지</td><td></td><td>대표자 성명
(주민등록번호)</td><td></td></tr>
<tr><td colspan="5">위 진술자는 홍길동 주식회사에 대한 세무조사와 관련하여 ○○○ 주식회사의 거래상대방으로서 사실관계를 명료히 하기 위하여 2000. 00. 00. 00:00에 임의로 ○○지방국세청 조사○국 조사○과 5층 사무실에 출석하여 다음과 같이 진술하다.</td></tr>
</table>

문 귀하의 주소, 성명, 직업과 학력 및 경력을 간략히 말씀하여 주십시오.

답

문

답

문

답

문

답

문 이상의 진술 내용에 대해 이의나 의견이 있습니까?

답 없습니다.

문 질문조사 협조해 주셔서 감사합니다. 조사가 끝난 지금은 언제인가요

답 00:00경 입니다. (무인)

(본인은 . . . 00:00부터 00:005까지 위 진술서를 열람한 바, 본인이 진술한 내용대로 작성되었습니다)

20 . . .

	진술인		(인)
	세무대리인	세무사	(인)
조사자		세무공무원	(인)
참관인		세무공무원	(인)

세무조사 진행 과정에서 부당한 대우를 받았다면 이를 구제받을 방법이 있나요?

권리보호요청 제도

국세청은 세무조사 진행 과정에서 납세자의 권익을 보호하기 위해, 권리보호요청이란 제도를 운영하고 있습니다.

세무조사 과정에서 세무공무원의 재량 남용 등으로 납세자의 권리가 부당하게 침해되고 있거나 권리침해가 현저히 예상되는 경우 납세자 또는 세무대리인은 관할 세무관서 납세자보호담당관 또는 국세청 납세자보호관에게 권리의 구제를 요청할 수 있습니다.

권리구제를 요청하게 되면, 국세청, 지방국세청, 세무서에 설치된 납세자보호위원회에서 그 내용을 심리하게 됩니다.

권리구제 요청을 할 때에는 납세자의 권리 침해 내용을 구체적으로 상세하게 정리해서 세무서에 제출하여야 구제받을 가능성이 높아집니다. 단순히 자기가 억울하다는 내용을 제출해서는 구제받을 수 없습니다. 권리침해가 발생하여 권리구제 요청을 하는 경우에도 세무대리인의 도움을 받으시길 바랍니다.

납세자보호위원회의 구성 및 회의 구성은 다음과 같습니다.

국세청 보도자료 참조

	본청 위원회	지방청 위원회	세무서 위원회
위원 구성	내부 1명 (납보관) 외부 17명 위촉 국세청장 추천 기재부 7, 세무사회 2, 회계사회 2, 변호사회 2, 비영리민간단체 4 18	내부 1명(납보담당관) 외부 17명 위촉 국세청장 추천 지방국세청장 18	내부 1명(납보담당관) 외부 13명 위촉 지방국세청장 추천 세무서장 14
회의 구성	납보관 1명 + 외부위원 8명 (위원장 포함) 9	납보담당관 1명 + 외부위원 8명 (위원장 포함) 9	납보담당관 1명 + 외부위원 6명 (위원장 포함) 7
의결	회의 구성 **위원** 과반수 **출석** / 출석 **위원** 과반수 **찬성**		

2018년부터 2023년까지 5년간 국세청, 지방청, 세무서 납세자보호위원회는 위법·부당한 세무조사 등 조사 분야 권리보호요청에 대하여 182건(전체 588건 중 31%)을 시정 조치하였습니다. 그 대표적 사례는 다음과 같습니다.

- **중복조사:** 정기감사 당시 요청인에게 구체적인 해명자료를 요구하여 검토하고 과세 없이 종결한 내용에 대해 다시 세무조사를 실시하는 것은 위법한 중복조사에 해당함.
- **조사기간 연장:** 조사기간 연장 시 그 사유와 기간을 납세자에게 문서로 통지하여야 함에도 유선으로만 안내하여 조사절차를 위반함.
- **고충민원:** 조세채권의 상당 부분을 충분히 확보하였음에도 급여채권을 추가 압류하는 것은 과도한 채권확보에 해당함.

세무조사 과정에서 자신의 정보를 세무서로부터 받을 수 있나요?

납세자는 본인의 납세와 관련된 정보를 제공받을 수 있고, 이러한 권리를 통해 세무조사와 관련하여 권리행사에 필요한 정보를 요구할 수 있습니다.

다만 세무서로부터 받을 수 있는 정보는 본인의 정보에 한정되며, 타인의 정보는 세무조사와 관련된 사항이더라도 받을 수 없습니다.

만약 납세자가 정보 요구를 하였는데 세무공무원이 정보 제공을 거부하는 경우, 정보공개 청구를 통해 법원에서 소송으로 이를 다툴 수 있습니다.

세무조사 과정에서 전문가의 조력을 받을 수 있나요?

세무조사는 상당히 전문적인 세법 지식이 필요한 분야이므로, 세무조사 과정에서 납세자는 전문가의 조력을 받을 수 있습니다. 납세자는 세무조사와 관련하여 변호사, 공인회계사, 세무사로 하여금 조사에 참여하게 하거나 의견을 진술하게 할 수 있습니다.

변호사, 공인회계사, 세무사로부터 세무조사와 관련하여 조력을 받기 위해서는 세무공무원에게 위임장을 제출하여야 하며, 서식은 다음과 같습니다.

위임장 서식에 전문가의 '자격(변호사, 공인회계사, 세무사)'을 기재하도록 하고 있으므로, 전문적인 세법 지식은 있지만 변호사, 공인회계사, 세무사의 자격이 없는 사람에 대해 세무조사 업무를 위임할 수는 없습니다.

위 임 장 (2-1)

ㅇ 성 명 :
ㅇ 전화번호 :
ㅇ 생년월일 :
ㅇ 사업자등록번호 :
ㅇ 사업장소재지(주소) :
ㅇ 자 격 :
ㅇ 관 계 :
(기장대행, 세무조정, 고문, 사외이사 등)

상기 세무대리인에게 지방국세청(세무서)에서 202 . . .부터 202 . . .까지 실시하는 조사와 관련하여 「국세기본법」 제81조의5에 따른 "조사에 참여하거나 의견을 진술할 수 있는 권한"을 위임합니다.

년 월 일

위 임 자
사업장소재지(주소) :
법인명(상 호) :
사업자(주민)등록번호 :
대표자(성 명) : ㊞

지방국세청장(세무서장) 귀하

첨부 : 자격증 사본 각 1부.

※ 세무조사에 참여하거나 의견을 진술할 세무대리인은 이 위임장을 조사과 (전화:)로 제출하여 주시기 바랍니다.

납세자가 세무공무원의 조사를 방해하거나 협조하지 않는 경우에는 어떤 불이익이 있나요?

세법은 세무공무원이 세무조사를 수행하는데 납세자가 적극적으로 협조하여야 한다고 규정하면서 만약 이러한 협조가 잘 이루어지지 않고 납세자가 조사를 고의로 회피하거나 지연하는 경우에는 여러 불이익을 규정하고 있습니다.

과태료 부과

세무공무원의 질문에 대하여 거짓으로 진술하거나 그 직무집행을 거부 또는 기피한 자에게 5천만 원 이하의 과태료를 부과할 수 있습니다.

조사기간 연장, 조세범칙조사 실시

그 밖에 세무공무원은 조사기간을 연장하거나 조세범칙조사를 실시하는 등, 세무조사에 협조하지 않은 납세자에 대해 불이익을 줄 수 있습니다. 특히 조세범칙조사가 실시되면, 탈세 부분에 대한 형사절차가 진행되고, 이후 형사재판도 받을 수 있기 때문에, 제대로 대응하여야 합니다.

조사권 남용 금지

반대로 세무공무원 역시 필요한 최소한의 범위 안에서 세무조사를 실시하여야 하며, 다른 목적 등을 위하여 조사권을 남용해서는 안됩니다. 국세청은 세무공무원이 하지 않아야 할 행동을 다음과 같이 정해 두고 있습니다.

1. 세무조사를 실시하면서 관련 법령 및 규정에서 정한 절차에 의하지 아니하고 임의로 관련 장부·서류 등을 압수·수색하거나 일시보관하는 행위
2. 조사대상 세목 및 과세기간의 과세표준과 세액의 계산과 관련 없는 장부 등의 제출을 요구하는 행위
3. 세무조사의 중지기간 중에 납세자에 대하여 국세의 과세표준과 세액을 결정 또는 경정하기 위한 질문을 하거나 장부 등의 검사·조사 또는 그 제출을 요구하는 행위
4. 관련 법령 및 규정에서 정한 승인절차에 의하지 아니하고 임의로 조사기간의 연장, 조사범위의 확대 또는 거래처 현장확인을 하는 행위
5. 거래처, 관련인 등에 대한 조사를 실시하면서 조사대상자 선정, 전산입력, 조사 통지 등 관련 법령 및 규정에서 정한 조사절차를 준수하지 아니하고 조사를 실시하는 행위
6. 세무조사와 관련 없이 납세자와 그 관련인의 사생활 등에 관한 질문을 하는 행위
7. 그 밖에 세무조사를 실시하면서 납세자의 권리를 부당하게 침해하는 행위

세무조사 도중 세법상 쟁점에 대해 납세자와 세무공무원 간에 이견이 있을 경우 이를 해결할 수 있는 제도가 있나요?

세무조사 중 납세자와 세무공무원 간에 견해 차이가 있는 경우 이를 해결하기 위한 제도로는 과세기준자문제도와 과세사실판단자문제도가 있습니다.

과세기준자문제도는 법령해석에 대한 이견을 해결하는 제도인 반면, 과세사실판단자문제도는 사실관계에 대한 이견을 해결하는 제도입니다.

과세기준자문제도

조사과정에서 납세자와 세무공무원 간에 세법해석 사항에 대해 이견이 있을 때 이용합니다. 세무공무원이 국세청 본청 징세법무국장(법규과장)에게 신청하면, 국세청 본청 징세법무국장(법규과장)이 검토하여 회신하거나 국세법령해석심의위원회[1]의 심의를 거쳐 회신하게 됩니다.

납세자는 세무공무원의 과세기준자문신청에 의견서를 제출하여 자신의 의견을 전달할 수 있습니다.

과세사실판단자문제도

조사과정에서 납세자와 세무공무원 간에 사실판단 사항에 대해 이견이 있을 때 이용합니다. 세무공무원이 지방국세청 또는 세무서 납세자보호담당관에게 신청하면 국세청 본청, 지방청, 세무서에 각 설치되어 있는 과세사실판단자문위원회의 심의를 거쳐 회신하게 됩니다.

납세자는 세무공무원의 과세사실판단자문신청에 의견서를 제출하여 자신의 의견을 전달할 수 있고, 과세사실판단자문위원회의 회의에 참석하여 자신의 의견을 직접 구술로 설명할 수 있습니다.

1 기존의 세법해석이 없어 새로운 세법해석이 필요한 사항 등의 사유가 있을 때 위원회를 통해 심의하게 됩니다.

세무조사는 주로 어디에서 이루어지나요?

세무조사 장소

세무조사는 주사무소, 주된 사업장, 주소지 또는 조사관서에서 실시합니다.

예를 들어, 매출액 등 규모가 큰 회사에 대한 법인세 조사의 경우, 주로 조사공무원이 회사에 방문하여 회사 사업장에서 회사 직원들로부터 회사의 세무자료를 제공받아 조사를 진행합니다. 다만 2025년 국세청 보도자료에 따르면, 기존 회사에 방문하거나 상주하면서 세무조사를 실시하는 방식에서, 되도록 (회사가 아닌) 조사관서에서 세무조사를 실시하는 방식으로 전환한다고 합니다.

반면, 일반적인 세무조사는 주로 조사관서(지방국세청 또는 세무서 사무실)에서 이루어집니다. 필요한 경우 조사공무원이 납세자의 사업장이나 주소에 방문하여 조사를 진행하기도 하지만, 대부분의 조사는 확보한 자료를 통해 조사관서에서 이루지는 경우가 많습니다.

납세자는 조사를 받고자 하는 장소가 있으면, 이를 신청할 수 있습니다.

세무조사는 밤이나 주말에도 진행되나요?

납세자를 직접 상대로 하는 세무조사는 일과시간 내에 실시합니다. 따라서 원칙적으로 야간(일과시간 이후)이나 주말에 납세자를 상대로 하는 세무조사가 진행되지는 않습니다.

다만 야간이나 공휴일에 영업을 하는 납세자와 같이 납세자의 필요에 의해 일과시간 이후나 공휴일에 세무조사를 받기를 원한다면, 이러한 내용을 납세자가 신청할 수 있습니다.

조사공무원은 납세자를 직접 상대로 하는 세무조사를 야간이나 공휴일에 할 수 없다는 의미이며 확보한 서류를 통해 조사관서에서 이루어지는 조사는 야간이나 공휴일에 할 수 있습니다. 세무조사 기간은 공휴일까지 포함하여 산정되기 때문입니다.

세무조사 기간이 어떤 경우에 연장되나요?

세무조사 기간이 연장될 수 있는 사유는 법령에 정해져 있습니다.

1. 납세자가 장부·서류 등을 은닉하거나 제출을 지연하거나 거부하는 등 조사를 기피하는 행위가 명백한 경우
2. 거래처 조사, 거래처 현지확인 또는 금융거래 현지확인이 필요한 경우
3. 세금탈루 혐의가 포착되거나 조사 과정에서 조사유형이 조세범 처벌절차법에 따른 조세범칙조사로 전환되는 경우
4. 천재지변이나 노동쟁의로 조사가 중단되는 경우
5. 납세자보호관 또는 담당관(납세자보호관 등)이 세금탈루 혐의와 관련하여 추가적인 사실 확인이 필요하다고 인정하는 경우
6. 세무조사 대상자가 세금탈루 혐의에 대한 해명 등을 위하여 세무조사 기간의 연장을 신청한 경우로서 납세자보호관 등이 이를 인정하는 경우

위 사유가 있다고 해서 조사공무원이 마음대로 세무조사 기간을 연장할 수 있는 것은 아닙니다. 세무조사 기간을 최초로 연장할 때에는 관할 세무관서의 장의 승인을 받아야 하고, 2회 이후 연장의 경우에는 관할 상급 세무관서의 장(세무서의 경우 지방국세청장, 지방국세청의 경우 국세청 본청)의 승인을 받아 각각 20일 이내에서 연장할 수 있습니다.

20일 이내라는 제한은 다음 사유에서는 적용되지 않습니다. 즉, 다음의 사유가 있다면 20일을 초과하여 세무조사 기간을 연장할 수 있습니다.

1. 무자료거래, 위장 · 가공거래 등 거래 내용이 사실과 다른 혐의가 있어 실제 거래 내용에 대한 조사가 필요한 경우
2. 국제거래를 이용하여 세금을 탈루(脫漏)하거나 국내 탈루소득을 해외로 변칙유출한 혐의로 조사하는 경우
3. 명의위장, 이중장부 작성, 차명계좌 이용, 현금거래 누락 등의 방법을 통하여 세금을 탈루한 혐의로 조사하는 경우
4. 거짓계약서 작성, 미등기양도 등을 이용한 부동산 투기 등을 통하여 세금을 탈루한 혐의로 조사하는 경우
5. 상속세 · 증여세 조사, 주식변동 조사, 범칙사건 조사 및 출자 · 거래관계에 있는 관련자에 대하여 동시조사를 하는 경우

세무조사 기간이 연장되면 다음과 같은 통지가 이루어집니다.

■ 국세기본법 시행규칙 [별지 제55호의3 서식] <개정 2025. 3. 21.>

국세청 National Tax Service

행 정 기 관 명

수신자
(경유)

제 목 세무조사 기간 연장 통지

귀하(귀사)에 대한 세무조사 기간이 아래와 같은 사유로 연장되었음을 「국세기본법」 제81조의8제7항에 따라 알려드립니다.

<table>
<tr><td rowspan="2">납 세 자
또는
납세관리인</td><td>상 호
(성 명)</td><td></td><td>사업자등록번호
(생 년 월 일)</td><td></td></tr>
<tr><td>사업장
(주 소)</td><td colspan="3"></td></tr>
<tr><td colspan="2">당 초 조 사 기 간</td><td colspan="3">년 월 일 ~ 년 월 일</td></tr>
<tr><td colspan="2">연 장 조 사 기 간</td><td colspan="3">년 월 일 ~ 년 월 일</td></tr>
<tr><td colspan="2">연 장 사 유</td><td colspan="3"></td></tr>
</table>

끝.

발신명의 직인

- 세무조사 기간 연장은 「국세기본법」 제81조의18제2항제1호에 따른 납세자보호위원회의 심의(중소규모납세자 외의 납세자인 경우)와 같은 법 제81조의8제3항에 따른 관할 세무관서의 장(1회 연장인 경우) 또는 관할 상급 세무관서의 장(2회 이후 연장인 경우)의 승인를 거쳐 결정한 것입니다.
- 이 통지 내용에 대해 문의 사항이 있는 경우 ○○○과 담당자 ○○○(전화:)에게 연락하시면 친절하게 상담해 드리겠습니다.
- 통지 결과에 이의가 있는 경우 납세자보호담당관에게 권리보호를 요청하실 수 있습니다.
- 자세한 권리보호 요청 방법에 대해 안내를 원하시거나 세무조사와 관련하여 불편·애로 사항이 있으시면 납세자보호담당관실 담당자 ○○○(전화:)로 연락하시기 바랍니다.

기안자 직위(직급) 서명 검토자 직위(직급)서명 결재권자 직위 (직급)서명
협조자
시행 처리과 - 일련번호(시행일자) 접수 처리과명 - 일련번호(접수일자)
우 주소 / 홈페이지 주소
전화( ) 전송( ) / 기안자의 공식전자우편주소 / 공개구분

210㎜×297㎜[백상지 80g/㎡(재활용품)]

세무조사가 중지되는 경우도 있나요?

세무공무원은 납세자가 자료의 제출을 지연하는 등 다음과 같은 사유로 세무조사를 진행하기 어려운 경우에는 세무조사를 중지할 수 있습니다.

1. 세무조사 연기신청 사유에 해당하는 사유가 있어 납세자가 조사중지를 신청한 경우
2. 국외자료의 수집 · 제출 또는 상호합의절차 개시에 따라 외국 과세기관과의 협의가 필요한 경우
3. 다음 각 목의 어느 하나에 해당하여 세무조사를 정상적으로 진행하기 어려운 경우
   가. 납세자의 소재가 불명한 경우
   나. 납세자가 해외로 출국한 경우
   다. 납세자가 장부 · 서류 등을 은닉하거나 그 제출을 지연 또는 거부한 경우
   라. 노동쟁의가 발생한 경우
   마. 그밖에 이와 유사한 사유가 있는 경우
4. 납세자보호관 또는 담당관이 세무조사의 일시중지를 요청하는 경우

즉, 납세자가 자료수집 등의 이유로 조사중지를 신청할 수도 있고, 세무공무원이 일정 사유에 해당하는 경우 세무조사를 중지할 수도 있습니다.

다만 세무조사 중지도 조사공무원이 임의로 할 수는 없고, 내부적인 승인을 받도록 규정하고 있습니다.

세무조사가 중지된 기간 중에는 납세자에 대한 조사가 이루어져서는 안됩니다. 그런데 민약 세무조사 중지기간 중에 납세자에 대한 세무조사가 이

루어진 경우[2], 법원은 납세자의 절차적 권리를 침해한 중대한 절차적 하자에 해당하다고 판단하였습니다.

세무조사가 중지되면 다음과 같은 통지를 받게 됩니다.

2 해당 사례는 병원에 대한 세무조사였는데, 세무조사 중지기간에 조사공무원이 사업장에 방문하여 병원 의료전산망을 열람하는 방법으로 세무조사를 하였습니다.

■ 조사사무처리규정 [별지 제7호 서식]

국세청 National Tax Service

행 정 기 관 명

수신자
(경유)
제 목 세무조사 중지 통지

귀하(귀사)에 대한 세무조사가 아래와 같은 사유로 중지되었음을 알려드립니다.

납 세 자	상 호 (성 명)		사업자등록번호 (생 년 월 일)	
	사업상 (주 소)			
당초 또는 연장된 조 사 기 간		202 . . . ~ 202 . . .		
중지하는 조사기간		202 . . . ~ 202 . . .		
변경된 조사기간		202 . . . ~ 202 . . .		
조사 중지 사유		*(예) 납세자가 '20.5.3.부터 현재까지 수차례 전화 연락이 되지 않고 우편물이 반송되는 등 소재가 불명하여 세무조사를 정상적으로 진행하기 어려움 (근거: 국세기본법 제81조의8)*		

위 조사중지 기간이 끝나면 세무조사를 재개하게 됩니다. 다만, 조세채권 확보 등 긴급히 조사를 재개할 필요가 있는 경우에는 조사중지기간이 끝나기 전이라도 세무조사를 재개할 수 있습니다. 끝.

발신명의 직인

이 통지에 대한 문의 사항이 있으시면 ○○○과 담당자 ○○○(전화 :)에게 연락하시기 바라며 세무조사와 관련하여 불편·애로 사항이 있을 때에는 납세자보호담당관실(전화 :)에 연락하시면 친절하게 상담해 드리겠습니다.

기안자 직위(직급) 서명 검토자 직위(직급)서명 결재권자 직위 (직급)서명
협조자
시행 처리과 일련번호(시행일자) 접수 처리과명 - 일련번호(접수일자)
우 주소 / 홈페이지 주소
전화( ) 전송( ) / 기안자의 공식전자우편주소 / 공개구분
210㎜×297㎜[일반용지 70g/㎡(재활용품)]

조사범위가 확대되는 경우가 있나요?

원칙적으로 조사공무원은 당초 정해진 세무조사의 범위를 확대할 수 없습니다. 다만 다음과 같은 경우에는 세무조사의 범위를 확대할 수 있습니다.

1. 다른 과세기간 · 세목 또는 항목에 대한 구체적인 세금탈루 증거자료가 확인되어 다른 과세기간 · 세목 또는 항목에 대한 조사가 필요한 경우
2. 명백한 세금탈루 혐의 또는 세법 적용의 착오 등이 있는 조사대상 과세기간의 특정 항목이 다른 과세기간에도 있어, 동일하거나 유사한 세금탈루 혐의 또는 세법 적용 착오 등이 있을 것으로 의심되어 다른 과세기간의 그 항목에 대한 조사가 필요한 경우

세무조사가 확대되면, 조사공무원은 당초 정해진 세목 및 과세기간 이외에 다른 세목 및 과세기간에 대해 세무조사를 할 수 있습니다. 통상 세무조사는 시작 시점에 세목과 과세기간이 정해지는데, 대상 세목과 과세기간이 확대되는 것입니다.

- **기존 세무조사**: 2021년부터 2023년까지 종합소득세 세무조사
- **(세목이) 확대된 세무조사**: 2021년부터 2023년까지 종합소득세 세무조사 및 부가가치세 세무조사(부가가치세 세무조사 부분이 확대됨)
- **(기간이) 확대된 세무조사**: 2021년부터 2025년까지 종합소득세 세무조사(2024년 및 2025년 부분이 확대됨)

조사범위 확대 역시 조사공무원이 임의로 할 수 없고, 국세청 내부의 승인 절차를 거쳐야 합니다.

만약 조사범위 확대 통지 없이 조사공무원이 임의로 당초 세무조사 범위 이외의 부분에 대해 세무조사를 하는 경우, 법원은 세무조사가 이루어진 경위나 제반 사정을 종합하여 세무조사의 위법을 판단하고 있습니다. 따라서 조사범위 확대 통지를 하지 않았다는 이유만으로 세무조사가 위법하다고 단정할 수는 없습니다.

조사범위가 확대되면 받게 되는 통지는 다음과 같습니다.

■ 조사사무처리규정 [별지 제22호 서식]

국세청 National Tax Service

행 정 기 관 명

수신자
(경유)
제 목 세무조사 범위확대 통지

귀하(귀사)에 대한 세무조사는 납세자보호(담당)관 또는 납세자보호위원회의 승인 절차를 거쳐 아래와 같은 사유로 조사범위가 확대되었음을 알려드립니다.

납 세 자	상 호 (성 명)		사업자등록번호 (생 년 월 일)	
	사업장 (주 소)			

구 분	당 초	범위확대
조사대상 세목		
조사대상 과세기간	~	~
조사 기간	~	~
확대 조사범위		
조사 범위확대 사유	*(예) '19.5월 A거래처로부터 발급받은 B거래 관련 세금계산서상 공급가액이 실제 매입한 가액과 차이가 있는 것으로 확인되어 해당 부분에 대한 조사가 필요 (근거: 국세기본법 제81조의9)*	

끝.

발신명의 직인

- 이 통지 내용에 대해 문의 사항이 있는 경우 ○○○과 담당자 ○○○(전화:)에게 연락하시면 친절하게 상담해 드리겠습니다.
- 통지 결과에 이의가 있는 경우 납세자보호담당관에게 권리보호를 요청하실 수 있습니다.
  * 요청기한 : 통지받은 날로부터 7일(7일이 경과하기 전에 조사기간이 종료되는 경우 그 종료일) 이내. 단, 중소규모납세자는 조사기간 종료일까지
- 자세한 「권리보호요청」 방법에 대해 안내를 원하시거나 세무조사와 관련하여 불편·애로 사항이 있으시면 납세자보호담당관실(전화:)로 연락하시기 바랍니다.

기안자 직위(직급) 서명 검토자 직위(직급)서명 결재권자 직위 (직급)서명
협조자
시행 처리과 - 일련번호(시행일자) 접수 처리과명 - 일련번호(접수일자)
우 주소 / 홈페이지 주소
전화( ) 전송( ) / 기안자의 공식전자우편주소 / 공개구분

세무조사할 때 조사공무원이 사업장의 장부나 서류를 임의로 가지고 가기도 하나요?

원칙적으로 조사공무원은 세무조사 목적으로 납세자의 장부나 서류를 임의로 가지고 갈 수 없습니다. 만약 조사공무원이 납세자의 동의 없이 임의로 장부나 서류를 가지고 갔다면, 그러한 세무조사는 하자가 중대하여 위법합니다.

따라서 법원의 압수수색 영장이 없는 한, 조사공무원은 임의로 납세자의 장부나 서류를 가지고 갈 수 없습니다.

다만 일정한 사유가 인정되는 경우, 조사공무원은 납세자의 동의를 받아 조사 목적에 필요한 최소한의 범위에서 납세자의 장부나 서류를 제출받아 보관할 수 있습니다.

1. 납세자가 세법에서 정하는 신고, 성실신고확인서의 제출, 세금계산서 또는 계산서의 작성·교부·제출, 지급명세서의 작성·제출 등의 납세협력의무를 이행하지 아니한 경우
2. 무자료거래, 위장·가공거래 등 거래 내용이 사실과 다른 혐의가 있는 경우
3. 납세자에 대한 구체적인 탈세 제보가 있는 경우
4. 신고 내용에 탈루나 오류의 혐의를 인정할 만한 명백한 자료가 있는 경우
5. 납세자가 세무공무원에게 직무와 관련하여 금품을 제공하거나 금품 제공을 알선한 경우

이 경우에도 조사공무원은 반드시 다음과 같은 서식의 납세자동의서를 받아야 하며, 조사공무원 입장에서 이를 잘 보관하여 추후 불복에 대비하여야 합니다.

실무상, 증거인멸의 여지가 있어 사전통지를 하지 아니하고 세무조사를 실시하는 경우에 주로, 세무공무원은 납세자의 동의를 얻어 장부나 서류를 제출받아 보관하게 됩니다.

그러한 세무조사 이외의 통상적인 세무조사에서는, 세무공무원이 장부나 서류를 제출받아 보관하는 대신, 납세자에게 소명자료 제출 요구를 하고, 납세자가 필요한 서류를 세무공무원에게 제출하는 방식으로 조사가 진행됩니다.

■ 조사사무처리규정 [별지 제17호 서식]

장부 · 서류 등 일시보관 동의서

1. **인적사항**

○ 소재지(주소) :

○ 법인명(상호) : ○ 사업자등록번호 :

○ 대표자(성명) : ○ 생년월일 :

2. **일시보관 안내 확인 및 동의 사항**

본인은 조사공무원으로부터 일시보관에 관한 절차 등을 규정한 국세기본법 시행령 제63조의11 제1항 각 호에 규정된 사항에 대하여 안내를 받았습니다.

본인은 조사공무원이 요청한 장부·서류 등을 제출하여 이를 세무관서에 일시보관 하는 것에 대하여 동의합니다.

년 월 일

동의자 인적사항

관 계 : (주)000의 대표이사(명함 및 신분증 등 첨부)

성 명 : ㊞

생년월일 :

주 소 :

조사공무원 성명 : ㊞

소속 : 00지방국세청 조사0국 조사0과

청(서)장 귀하

■ 조사사무처리규정 [별지 제16호 서식]

장부 등 일시보관에 따른 안내

○○지방국세청(○○세무서)에서는 귀하(귀사)에 대한 세무조사를 위하여 장부 등을 일시보관하고자 합니다. 이와 관련하여 아래와 같이 안내를 하오니, 각 내용을 참고하셔서 세무조사가 원활히 진행될 수 있도록 협조해 주시기 바랍니다.

1. 납세자가 국세기본법 제81조의6 제3항에 해당하는 사유가 있는 경우 조사공무원은 납세자, 소지자 또는 보관자 등 정당한 권한이 있는 자가 임의로 제출한 장부등을 목적에 필요한 최소한의 범위에서 세무관서에 일시보관할 수 있습니다.
2. 조사공무원은 납세자 등이 동의한 경우에 장부 등을 일시보관할 수 있으며, 납세자 등이 동의하지 않는 경우 일시보관할 수 없습니다.
3. 조사공무원은 임의로 제출한 장부 등에 대하여만 일시보관할 수 있습니다.
4. 일시보관 후 납세자 등이 요청하는 경우 일시보관 중인 장부 등은 반환요청일로부터 14일 이내에 반환받을 수 있습니다. 다만, 납세자보호위원회의 승인이 있는 경우 1회에 한하여 보관기간을 14일 연장할 수 있습니다.
5. 세무조사를 종결할 때에는 일시보관한 장부 등을 모두 반환받을 수 있습니다.

년　　월　　일

○○지방국세청장(○○세무서장)

조사공무원은 일시보관한 장부·서류 중 증거서류로서의 활용가치가 없다고 판단되는 것은 납세자에게 즉시 반환하여야 하고, 납세자가 반환을 요청한 경우에는 그 반환을 요청한 날부터 14일 이내에 장부 등을 반환하여야 합니다.

세무조사는 어떠한 방식으로 마무리되나요?

세무조사가 끝나게 되면, 조사공무원은 조사결과를 납세자에게 설명하고 이를 서면으로 통지합니다. 세무조사가 끝날 때 납세자에게 알려주어야 할 사항은 다음과 같습니다.

1. 세무조사 내용
2. 결정 또는 경정할 과세표준, 세액 및 산출근거
3. 세무조사 대상 세목 및 과세기간
4. 과세표준 및 세액을 결정 또는 경정하는 경우 그 사유(근거 법령 및 조항, 과세표준 및 세액 계산의 기초가 되는 구체적 사실관계 등을 포함)
5. 가산세의 종류, 금액 및 그 산출근거
6. 관할 세무서장이 해당 국세의 과세표준과 세액을 결정 또는 경정하여 통지하기 전까지 수정신고·납부가 가능하다는 사실
7. 과세전적부심사를 청구할 수 있다는 사실

납세자가 받는 세무조사 결과 통지서는 다음과 같습니다.

■ 국세기본법 시행규칙 [별지 제56호 서식] <개정 2025. 3. 21.>

국세청

행 정 기 관 명

수신자
제 목 세무조사 결과 통지

「국세기본법」 제81조의12 및 같은 법 시행령 제63조의13에 따라 귀하(귀사)에 대한 세무조사 결과 등을 아래와 같이 알려드립니다.

1. 조사대상자

상호 (성명)		사업자등록번호 (생년월일)	
사업장 (주소)			

2. 세무조사 결과

① 조사대상 (세목: 연도: 기분:)

조사한 내용	

② 예정 고지일 및 납부기한

예정 고지일		예정 납부기한	

③ 결정 또는 경정할 내용(예상 총 고지세액: 원)

※ 지방소득세 및 소득금액 변동 관련 세액 별도 (단위: 원)

세목	연도	과세표준		산출세액		가산세액	예상 고지세액
		신고(당초)	결정(경정)	신고(당초)	결정(경정)		

④ 과세표준·세액의 결정 또는 경정 사유 및 산출근거 (단위: 원)

세목	연도	항목 (과목)	결정·경정 대상금액	결정·경정 사유 (구체적 사실관계)	소득처분	근거법령 (조항)	가산세	
							일반	부정

2. 세무조사 결과

⑤ 소득금액 변동 명세(「법인세법」에 따른 소득처분) (단위: 원)

소득종류	귀속자		귀속연도	소득금액	원천징수 예상세액	수정신고·납부기한
	성명	생년월일				
						소득금액변동통지를 받은 날의 다음 달 10일

3. 세무조사 결과통지에 대한 권리구제 절차 등

① 이 통지 내용에 이의가 있으면 이 통지서를 받은 날부터 **30일 이내에 과세전적부심사청구**를 할 수 있으며, 과세전적부심사청구를 하지 않을 때에는 조기결정신청서(「국세기본법 시행규칙」 별지 제56호의4 서식)를 제출하면 **즉시 결정·고지를 받게 되어 가산세 부담**을 줄일 수 있습니다.

② **「조세범 처벌법」 위반으로 고발 또는 통고처분**하거나 세무조사 결과 통지일부터 국세부과제척기간의 만료일까지의 기간이 **3개월 이하**인 경우 등에 해당되면 과세전적부심사청구대상에서 제외됩니다(근거:「국세기본법」 제81조의15제3항).

③ 과세전적부심사 결정이나 조기결정신청서 제출에 따른 고지에 대해 다시 이의가 있으면 납세고지서를 받은 날부터 90일 이내에 「국세기본법」에 따른 불복청구 등을 할 수 있습니다.

④ 국세의 과세표준과 세액을 결정 또는 경정해 통지하기 전까지는 「국세기본법」 제45조에 따른 **수정신고와 납부가 가능**합니다.

⑤ 이 조사에 따라 향후 과세표준과 세액이 결정 또는 경정이 된 경우 「국세기본법」 제16조제4항에 따라 조사한 사실과 결정의 근거가 적힌 결정서의 열람 또는 복사를 구술(口述)로 요구할 수 있습니다.

붙임 1. 수입금액, 과세표준 및 세액과 가산세의 산출명세
2. 조사 항목별 조사 결과 및 세무조사 결과 사후 관리할 사항. 끝.

발신명의 직인

이 통지에 대한 문의 사항이 있을 때에는 ○○○과 담당자 ○○○(전화:)에게 연락하시면 친절하게 상담해 드리겠습니다.

기안자 직위(직급) 서명 검토자 직위(직급)서명 결재권자 직위 (직급)서명
협조자
시행 처리과 - 일련번호(시행일자) 접수 처리과명 - 일련번호(접수일자)
우 주소 / 홈페이지 주소
전화( ) 전송( ) / 기안자의 공식전자우편주소 / 공개구분

210㎜×297㎜[일반용지 70g/㎡(재활용품)]

■ 조사사무처리규정 [별지 제12-1호 서식]

1. 수입금액, 과세표준 및 세액과 가산세의 산출명세

성명(상호) :

가. 수입금액 · 과세표준 및 세액의 산출명세

(단위 : 원)

세목	연도 · 귀속 (기분)	신고(당초) 수입금액(매출)	신고(당초) 과세표준(매입)	신고(당초) 산출세액	신고(당초) 가산세액	예상 고지세액
		결정(경정) 수입금액(매출)	결정(경정) 과세표준(매입)	결정(경정) 산출세액	결정(경정) 가산세액	

나. 소득금액 변동 및 원천징수예상세액 내역

(단위 : 원)

소득종류	귀속자		귀속연도	소득금액	원천징수 예상세액	비고
	성명	생년월일				
세금계산서						

다. 가산세 산출명세

(단위 : 원)

세목	연도 · 귀속 (기분)	가산세 종류	산출근거		
			대상금액	세율	세액
부가가치세	*'20.1기*	*세금계산서 미발급*	*10,000,000,000*	*2%*	*200,000,000*

2. 조사 항목별 조사 결과 및 세무조사 결과 사후관리할 사항

가. 인적사항

납세자	성명(대표자)		사업자등록번호 (생년월일)	
	상호(법인명)		주소	

나. 조사 항목별 세부내역 (단위:원)

세목	연도	항목 (과목)	결정 · 경정 대상 금액	결정 · 경정 사유	소득 처분	근거 법령	사후관리할 사항	가산세	
								일반	부정
법인세	****	일반업무 대행 수수료	***,***	***** 관련 일반업무 대행수수료 과다지급액 손금불산입	기타 사외 유출	법인세법 제52조	해당 없음	O	
법인세	****	카드자재 비용	***,***	*** 카드제작비용 손익귀속시기 적용 착오분 손금불산입	유보	법인세법 제40조	해당 귀속시기에 유보 추인	O	
법인세	****	업무무관 비용 (******)	***,***	****** 관련 업무 무관비용 손금불산입	기타 사외 유출	법인세법 제27조	해당 없음	O	
법인세	****	접대비 (연회비 임의면제)	***,***	**** 회원 연회비 임의면제분 접대비로 손금불산입	기타 사외 유출	법인세법 제25조	해당 없음	O	
법인세	****	안전시설 투자 세액공제	***,***	**** 시설 안전시설 투자세액 공제 부인	해당 없음	조특법 제25조	해당 없음	O	
법인세	****	가공노무비	***,***	***에 지급처리한 가공 노무비 손금불산입	상여	법인세법 제19조	소득금액변동 통지 내용에 따라 원천세 신고, 납부 및 지급 명세서 수정 제출		O
법인세	****	정상가격에 의한 과세조정	***,***	국외 특수관계인 ***에 대한 브랜드 사용료 미수취분 정상가격 과세조정에 의한 익금산입	임시 유보	국제조세 조정에 관한 법률 제00조	반환확인서류 제출 준비 등 사후관리	O	
법인세	****	정상가격에 의한 과세조정	***,***	국외 특수관계인 ***에 대한 브랜드 사용료 미수취분 정상가격 과세조정에 의한 익금산입	출자의 증가	국제조세 조정에 관한 법률 제00조	자본금과 적립금 조정명세서(병) 서식에 기재하여 누적 관리, 해외현지 법인 청산 또는 주식 매각 시 추인	O	
부가세	****	매입세액 불공제	***,***	***과의 가공거래 매입세액 불공제		부가세법 제39조	해당 없음		O

○ 작성방법

- 세무조사로 인한 모든 과세항목을 연도별로 기재(2 이상 기간에 걸친 경우 각 연도를 모두 기재)
- 내용이 많을 경우 위 서식에 따라 별지로 작성 가능
- '금액'란에는 조사항목의 과소신고 금액 등을 기재하되, 세액공제 항목 등의 경우 세액을 기재
- '결정 · 경정 사유'란에는 어떤 내용 및 사유로 과세처분을 하였는지 알 수 있도록 기재
- '근거법령'란에는 본법 조항을 기준으로 기재(법령 개정시 해당 과세기간 시점의 법령을 기재)
- '사후관리할 사항'란에는 유보의 추인, 소득금액변동통지 관련 사항 등을 기재
- '가산세'란에는 무신고 · 과소신고 · 초과환급신고가산세 등의 일반 또는 부정 신고 여부를 기재

세무조사 결과에 승복하지 못하는 경우 구제절차가 있나요? (과세전적부심사청구)

세무조사 결과에 대해 다투고 싶은 납세자는, 세무조사 종료시 받은 세무조사 결과 통지에 대해 과세전적부심사청구를 할 수 있습니다.

세무조사 결과 통지를 받은 날부터 30일 이내에 통지를 한 세무서장이나 지방국세청장에게 과세전적부심사청구를 할 수 있고, 법령과 관련하여 국세청장의 유권해석을 변경하여야 하거나 새로운 해석이 필요한 경우, 청구금액이 5억 원 이상인 경우 등에 대해서는 국세청장에게 청구할 수 있습니다.

다만 다음과 같은 경우에는 과세전적부심사청구를 할 수 없습니다.

1. 납부기한 전 징수의 사유가 있거나 세법에서 규정하는 수시부과의 사유가 있는 경우
2. 조세범 처벌법 위반으로 고발 또는 통고처분하는 경우. 다만, 고발 또는 통고처분과 관련 없는 세목 또는 세액에 대해서는 그러하지 아니하다.
3. 세무조사 결과 통지 및 과세예고 통지를 하는 날부터 국세부과 제척기간의 만료일까지의 기간이 3개월 이하인 경우
4. 국제조세조정에 관한 법률에 따라 조세조약을 체결한 상대국이 상호합의 절차의 개시를 요청한 경우
5. 조세심판원의 재조사 결정에 따라 조사를 하는 경우

과세전적부심사청구에 대한 처리 절차는 다음과 같습니다.

세무서(지방국세청장)

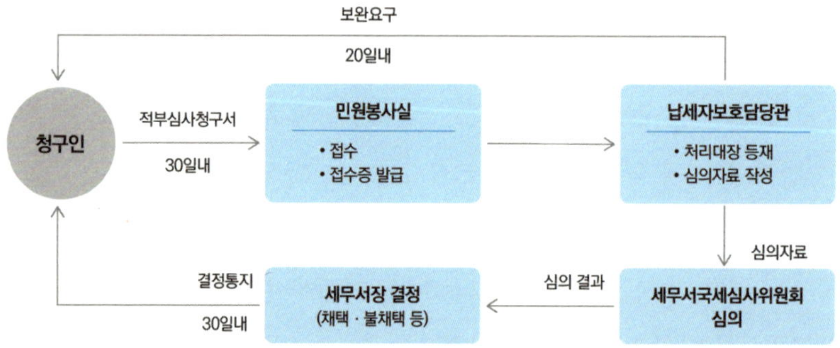

국세청

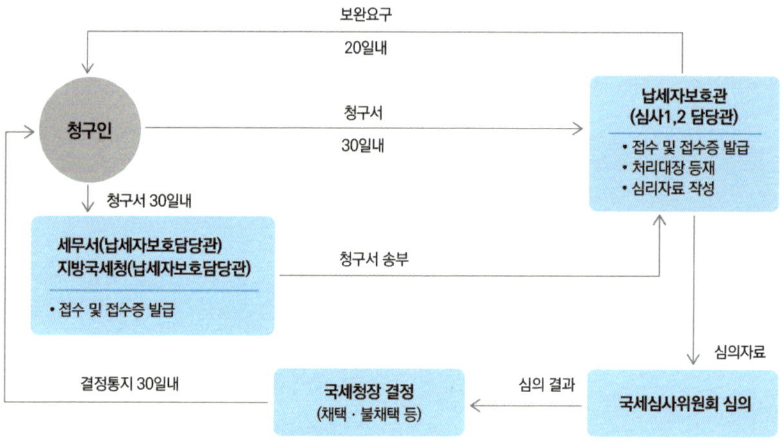

납세자는 회의에 참석하여 의견진술을 할 수 있습니다. 만약 과세전적부심사청구 결과 구제받지 못한 납세자에 대해서는 고지서가 발부되고, 납세자는 발부받은 고지서에 대한 불복 절차(이의신청, 심사청구, 심판청구, 행정소송)를 진행할 수 있습니다.

만약 조사공무원이 납세자에게 과세전적부심사청구의 기회를 부여하지 않고(즉, 청구할 수 있는 기간인 30일을 기다리지 않고) 세무조사 결과 통지를 한 후 곧바로 고지서를 발부하는 경우에는, 법률에 정해진 납세자의 권리(과세전적부심사청구)를 박탈한 것이므로, 법원은 해당 고지서가 그 절차상 하자가 중대하고 명백하여 무효인 처분에 해당한다고 판시하였습니다.

실제로 소송에서는 과세전적부심사청구의 기회를 부여하지 않아도 되는 예외사유에 해당하는지 여부로 다투어지고 있습니다.

과세전적부심사 청구에서 주장이 받아들여지지 않아 고지서를 받게 된 경우, 이후 불복 절차는 어떻게 되나요?

납세자는 고지서를 받은 날부터 90일 내에 불복 절차를 진행할 수 있습니다.

불복 절차는 각 세무서나 지방국세청에 하는 이의신청, 국세청 본청에 하는 심사청구, 조세심판원에 하는 심판청구, 감사원에 하는 심사청구로 구분됩니다.

그 중 이의신청은 임의적 절차이므로 반드시 거치지 않아도 되며, 심사청구나 심판청구 중 하나는 반드시 거쳐야 하는 불복 절차입니다.

이러한 절차를 거쳐도 해결이 되지 않는 경우에는 조세소송을 제기할 수 있습니다. 조세소송은 세무서 관할에 따라 서울행정법원, 수원지방법원, 인천지방법원, 의정부지방법원, 춘천지방법원, 대전지방법원, 청주지방법원, 전주지방법원, 광주지방법원, 대구지방법원, 부산지방법원, 울산지방법원, 창원지방법원에서 진행됩니다.

<table>
<tr><th></th><th colspan="3">불복 절차</th></tr>
<tr><td rowspan="3">고지서(처분)</td><td rowspan="2">이의신청</td><td>(국세청) 심사청구</td><td rowspan="3">조세소송</td></tr>
<tr><td>(조세심판원)
심판청구</td></tr>
<tr><td colspan="2">(감사원) 심사청구</td></tr>
</table>

위 각 절차는, 앞선 처분이나 결정이 있은 날(처분이나 결정을 실제로 받은 날)로부터 90일 내에 제기하여야 하며, 이러한 기한을 도과하였을 때에는 더 이상 불복 절차로 구제받을 수 없다는 점을 유의하시기 바랍니다.

부의 이전에 대한
세무조사 가이드북

제2편

상속세 세무조사

제2편
상속세 세무조사

상속세 세무조사는 언제, 어떤 기준으로 대상자가 선정되나요?

상속세 세무조사 대상자는 상속재산 규모와 탈루 혐의 정도에 따라 선정됩니다. 국세청은 주기적으로 과세자료를 생성하여 납세지 세무서에 배정하고, 세무서는 이를 신속하게 처리합니다.

상속재산가액이 60억 원 이상인 경우에는 원칙적으로 지방국세청 조사국에서 담당합니다. 상속재산가액이 60억 원 미만인 경우에는 세무서 재산세과에서 조사를 담당합니다. 상속재산가액이 40억원 내지 60억원 사이에 있는 경우에는 관할세무서 재산세과장이 상속재산의 평가 적정 여부를 확인하고 신고누락 재산 및 탈루혐의 등을 검토하여 관할 지방국세청 조사국으로 송부합니다.

조사대상자 선정 시에는 피상속인의 직업, 경력, 성별, 나이를 종합적으로 검토합니다. 특히 피상속인이 사망하기 전 증여한 재산도 중요한 고려사항이 됩니다. 상속인에게는 10년 이내, 상속인 외의 자에게는 5년 이내에 증여한 재산을 함께 검토합니다.

상속재산가액이 공제액에 미달하거나 서면검토로 처리 가능한 경우에는 서면결정으로 종결됩니다. 하지만 탈루 혐의가 있거나 추가 확인이 필요한 경우에는 실지조사 대상자로 선정됩니다.

국세청장이나 지방국세청장은 특정 유형의 탈루 혐의에 대해 기획점검 계획을 수립하기도 합니다. 이 경우 점검 결과에 따라 실지조사 대상자로 선정될 수 있습니다.

최근 5년간 상속세 조사건수와 부과세액은 다음과 같습니다.

	2019	2020	2021	2022	2023
조사건수(건)	8,985	8,934	10,083	10,143	10,232
부과세액(백만 원)	517,997	752,253	988,830	963,651	1,091,356

□ 상속세 조사관할 기준표

구분	상속재산 가액	조사 담당	특이사항
지방청 조사	60억 원 이상	지방국세청 조사국	주요 계열법인 사주는 금액 무관
세무서 조사	60억 원 미만	세무서 재산세과	원칙적 세무서 처리
서면결정	공제액 미달	세무서 재산세과	실지조사 불필요 시

상속세 세무조사는 어느 부서에서 담당하나요?
(재산제세 세무조사 담당부서)

많은 분들이 상속세 신고 후 세무조사가 진행될 때, 어느 부서에서 조사를 담당하는지 궁금해 하십니다. 국세청의 상속세 조사 담당부서를 알아두면 세무조사 과정을 보다 잘 이해하고 대응할 수 있습니다.

상속세 세무조사는 주로 각 지방국세청 조사국과 관할 세무서 재산세과에서 담당합니다. 다만, 상속재산 규모에 따라 조사를 담당하는 부서가 달라집니다. 상속세 과세가액이 60억 원 이상인 고액자료는 지방국세청 조사국에서 직접 조사를 수행하고, 그 미만의 자료는 관할 세무서 재산세과에서 조사를 담당합니다.

서울지방국세청의 경우 조사3국이 상속세 조사를 전담합니다. 조사3국은 조사관리과에서 조사계획을 수립하고, 조사1과부터 조사3과까지에서 실제 조사업무를 수행합니다. 중부지방국세청과 인천지방국세청은 조사2국에서, 그 외 부산, 광주, 대전, 대구지방국세청도 각각 조사2국에서 상속세 고액자료 조사를 담당합니다.

세무서 재산세과에서는 고액자료 외의 일반적인 상속세 신고에 대한 조사를 수행합니다. 재산세과 내 조사팀(흔히 '재산팀'이라 불림)이 조사계획을 수립하고 실제 조사를 진행합니다. 때로는 지방국세청에서 업무량 조정을 위해 세무서로 조사를 위임하는 경우도 있습니다.

국세청 본청 자산과세국의 상속증여세과는 직접 조사를 수행하지는 않습니다. 대신 상속세 조사대상자 선정기준을 마련하고, 전반적인 조사정책을 수립하는 역할을 담당합니다. 또한 변칙상속을 방지하기 위한 기획업무와 재산평가기준 제정 등의 업무도 수행합니다.

구분	담당부서	주요업무	비고
국세청 본청	자산과세국 상속증여세과	조사대상자 선정기준 마련 조사정책 수립 재산평가기준 제정	직접 조사 미실시
서울지방국세청	조사3국	고액자료 조사 (상속세 30억 원 이상)	조사관리과 및 조사 1~3과 운영
중부지방국세청	조사2국	고액자료 조사 (상속세 30억 원 이상)	조사관리과 및 조사 1~2과 운영
인천 · 대전 · 대구 · 광주지방국세청	조사2국	고액자료 조사 (상속세 30억 원 이상)	조사2과 담당
부산지방국세청	조사2국	고액자료 조사 (상속세 30억 원 이상)	조사3과 담당
관할 세무서	재산세과 (재산팀)	일반자료 조사(30억 원 미만) 지방청 위임조사	관내 납세자 담당

이처럼 상속세 조사는 과세가액 규모와 사안의 복잡성에 따라 체계적으로 관할이 나뉘어져 있습니다. 납세자 입장에서는 자신의 상속재산 규모를 고려하여, 향후 세무조사가 진행될 경우 어느 부서에서 조사할 지 미리 예상해볼 수 있을 것입니다.

상속이 발생했는데, 상속세는 어느 세무서에 신고해야 하나요?

상속세 신고를 어느 세무서에 해야 하는지는 상황에 따라 달라집니다. 기본적으로는 돌아가신 분의 주소지를 관할하는 세무서에서 처리하지만, 특별한 경우에는 다른 기준이 적용됩니다.

먼저 가장 일반적인 경우부터 살펴보겠습니다. 돌아가신 분이 국내에 주소를 두고 계셨다면, 그 주소지를 관할하는 세무서에 상속세를 신고하면 됩니다. 예를 들어 서울 강남구에 거주하시던 분이 돌아가셨다면 강남세무서가 관할 세무서가 됩니다.

그런데 돌아가신 분이 해외에 거주하고 계셨던 경우는 어떻게 될까요? 이런 경우에는 국내에 있는 상속재산의 소재지를 기준으로 합니다. 상속재산이 여러 곳에 있다면 가장 큰 재산이 있는 곳의 세무서가 관할하게 됩니다.

실종선고로 상속이 개시되는 특별한 경우도 있습니다. 오랜 기간 행방불명되어 법원으로부터 실종선고를 받은 경우입니다. 이때는 실종된 분의 마지막 주소지를 관할하는 세무서에서 처리합니다.

만약 실종된 분의 주소지마저 불분명하다면 어떻게 해야 할까요? 이런 경우에는 주된 상속인, 즉 상속지분이 가장 큰 상속인의 주소지를 관할하는 세무서에서 상속세 업무를 담당합니다. 상속지분이 같은 사람이 여러 명이라면 나이가 많은 분의 주소지를 기준으로 합니다.

이처럼 상속세 신고는 상황에 따라 관할 세무서가 달라질 수 있습니다. 특히 중요한 사안의 경우 세무서가 아닌 지방국세청에서 직접 처리하기도 합니다. 따라서 상속이 발생했을 때는 먼저 정확한 관할 세무서를 확인하는 것이 중요합니다.

□ 상속세 과세 관할 정리표

구분	관할 세무서
상속개시지가 국내인 경우	피상속인의 주소지 관할 세무서 (중요 사안은 지방국세청장이 관할)
상속개시지가 국외인 경우	상속재산 소재지 관할 세무서 (재산이 여러 곳인 경우 주된 재산 소재지)
실종선고에 의한 상속	피상속인의 마지막 주소지 관할 세무서 (주소지 불분명시 주된 상속인의 주소지)

상속이 이루어지면 상속세 신고는 무조건 해야 하나요?
(공제액 미달)

거주자나 비거주자의 사망으로 상속이 개시되면 상속세 과세가액에서 2억 원을 기초공제로 공제합니다. 또한 민법상 혼인관계에 있는 배우자에게는 기본 5억 원부터 30억 원까지 배우자 상속공제를 합니다. 배우자 상속공제는 실제 상속받는 금액이 5억 원에 미달하더라도 5억 원을 공제하고 일정 산식에 의해 최고 30억 원까지 배우자 상속공제를 합니다.

그 밖의 인적공제로 자녀공제는 1인당 3천만 원, 미성년자 공제는 20세가 될 때까지 1인당 500만 원, 배우자를 제외한 상속인이 60세 이상이면 연

로자공제로 1인당 3천만 원, 배우자를 포함하여 상속인 중 장애인이 있을 경우 기대여명에 따른 계산으로 연간 500만 원을 공제합니다.

위의 기초공제금액과 인적공제금액의 합계액이 5억 원에 미달할 경우 일괄적으로 5억 원을 공제합니다. 단 피상속인의 배우자가 단독으로 상속을 받는다면 일괄공제를 적용받을 수 없고 배우자공제와 그 밖의 인적공제액의 합계액으로 공제합니다.

또한 동거주택 상속공제, 금융재산 상속공제 등의 상속공제제도가 있습니다.

따라서 상속공제가 상속재산보다 크게 되면 상속세가 부과되는 과세표준이 없기 때문에 상속세가 나오지 않고 상속세 신고를 하지 않아도 됩니다. 일반적으로 배우자 상속공제 최소 5억 원을 받고 배우자 단독상속이 아닌 경우 5억 원을 일괄공제로 추가로 받게 된다면 합계 최소 10억 원의 상속공제를 받을 수 있는데, 상속재산이 10억 원 정도이면 상속세가 나오지 않게 됩니다.

추가로 피상속인과 상속인이 상속개시일로부터 10년 이상 계속 동거하고 1세대 1주택 요건을 충족한다면 동거주택상속공제로 최대 6억 원까지 공제합니다. 따라서 상속재산이 16억 원이 넘더라도 상속공제로 상속세가 나오지 않는 경우도 있습니다.

상속세 신고 사례(예시)

상속재산이 서울에 있는 아파트와 지방에 있는 농지일 때 상속세 신고시에 얼마로 신고해야 할까요?

상속세가 부과되는 재산의 가액은 사망일, 즉 상속개시일 현재의 시가가 원칙입니다. 시가는 일반적이고 정상적인 거래가격을 말하고 감정가액이나 수용 보상가액이 있다면 이 금액도 시가로 인정을 받습니다.

시가가 없거나 시가를 산정하기 어려우면 보충적 평가방법을 사용하는데 토지인 경우 개별공시지가를, 건물인 경우에는 기준시가를 보충적 평가방법으로 보아 시가로 인정받습니다.

상속개시일 전후 6개월 이내의 매매사례가액, 감정가액, 수용보상가액이 있는 경우에 위 순서로 시가로 인정됩니다.

만일 서울에 있는 아파트가 상속개시 전후 6개월 이내에 같은 층·같은 면적이 매매된 거래가 있다면 시가로 인정이 될 수 있습니다. 만일 매매된 사례가 여러 개이고 애매할 경우에는 신고인과 국세청 간에 어느 것을 시가로 결정할지 다툼이 생기는 경우도 있습니다. 따라서 애매한 경우에 상속개시일로부터 6개월 이내에 2곳 이상의 감정평가를 받아 평균가액으로 신고하면 다툼 없이 시가로 인정을 받을 수 있습니다.

지방에 있는 농지는 일반적으로 거래가 빈번하지 않기 때문에 매매사례가액을 찾기가 쉽지는 않습니다. 수용보상이 이루어진 경우에는 그 금액을 시가로 볼 수 있고 아파트와 마찬가지로 감정평가를 받아서 신고할 수 있습니다.

상속세가 나오지 않으면 상속세 신고를 무조건 안해도 되나요?

물론 상속세가 나오지 않으면 상속세 신고를 하지 않아도 됩니다. 그러나 특정한 상황에서는 상속세가 나오지 않는 경우에도 상속세를 신고하여 세금을 절약할 수 있는 경우도 있습니다.

예를 들어 보겠습니다.

상속재산이 서울 근교에 있는 토지 한 필지로서 상속개시 시점의 공시지가는 4억 원입니다. 그리고 상속 받은 후 시세는 10억 원입니다. 상속인은 배우자와 자녀 한 명이고 상속인은 위 부동산을 상속 받고 조만간 매도할 예정입니다.

매매사례가액도 없고 감정평가도 없어 상속세 신고를 하지 않았습니다. 배우자공제만 받아도 상속세가 나오지 않기 때문입니다.

이렇게 상속을 받고 나서 2년 후에 10억 원에 매도를 했습니다. 상속세를 신고하지 않아서 상속으로 인한 취득가액은 상속시점의 공시지가 4억 원이 되고 따라서 양도차익은 6억 원이 됩니다. 즉 6억 원에 대한 양도소득세가 나오게 됩니다.

만일 상속세 신고기한까지 10억 원의 감정평가를 받아서 상속세 신고를 한 경우에도 상속세는 나오지 않습니다. 배우자공제 5억 원과 일괄공제 5억 원, 합계 10억 원의 공제를 받을 수 있기 때문입니다.

이렇게 상속세 신고를 하고 2년 후에 똑같이 10억 원에 매도를 하게 되면 양도차익은 없게 됩니다. 상속세 신고시 감정평가 10억 원으로 신고하였기 때문에 상속으로 인한 취득가액은 10억 원이 되고 매도가액도 10억 원이 되어 양도차익이 발생하지 않기 때문입니다.

위 사례에서 보는 것처럼, 상속세가 나오지 않는 경우에도 상속세 신고를 통해 합법적으로 세금을 절약할 수 있습니다. 만일 상속세 신고기한까지 상속세 신고를 하지 않고 부동산 매도시점에 상속세를 기한후신고하면 취득가액을 10억 원으로 인정을 받을 수 있을까요? 양도소득세를 줄이려고 상속세 기한 후 신고를 한 것으로 보아 인정을 받을 수 없습니다.

상속재산을 상속인들에게 어떻게 배분해야 상속세가 가장 적게 나오나요?

상속인이 여러 명일 경우, 각 상속인이 받는 상속재산에 대하여 상속세를 계산하는 방식을 유산취득세 방식이라고 합니다. 즉, 각 상속인 본인이 받은 상속재산에 대해 상속세를 계산하는 방식입니다.

반면, 우리나라의 상속세는 유산취득세 방식이 아니라 피상속인의 유산총액에 대하여 상속세를 계산하는 유산세 방식입니다. 피상속인 전체 재산에 대하여 상속세를 계산하기 때문에 상속인이 나눠서 상속을 받는다고 상속세가 줄어들지는 않습니다.

따라서 상속인 1명에게 모든 상속재산을 상속하는 경우와 여러 명의 상속인에게 골고루 상속재산을 상속하는 경우에도 상속세의 금액은 동일하게 되는 것이고, 줄어들지 않습니다.

다만 배우자에 대한 상속공제는, 배우자가 실제 상속받는 재산의 금액에 따라 일정 산식에 의해 5억 원부터 30억 원까지 상속공제가 있어서 배우자의 상속지분에 따라 상속세가 달라질 수 있습니다.

상속세 조사 시 금융재산은 어떻게 조회되나요?

상속세 조사에서 금융재산 조회는 매우 중요한 부분입니다. 상속재산이 30억 원 이상인 경우에는 반드시 금융재산 일괄조회를 실시합니다. 30억 원 미만이더라도 탈루 혐의가 있다면 일괄조회가 가능합니다.

금융재산 일괄조회는 국세청장 또는 지방국세청장만이 할 수 있습니다. 세무서장이 필요하다고 판단하는 경우에는 관할 지방국세청장에게 신청하여 진행합니다. 이는 금융실명법상의 비밀보장 의무에도 불구하고 가능한 특별한 권한입니다.
조회 대상자는 크게 두 가지로 구분됩니다. 첫째는 직업, 연령, 재산 상태, 소득신고 상황으로 볼 때 탈루 혐의가 있는 경우입니다. 둘째는 법에서 정한 인별재산과세자료 관리대상자에 해당하는 경우입니다.

피상속인의 자금사용처가 불분명하거나 상속세 누락 혐의가 있다면 금융재산을 일괄 조회합니다. 금융회사는 국세청의 조회 요구에 지체 없이 자료를 제출해야 합니다.

금융재산 조회는 상속세를 정확하게 산정하기 위한 핵심 절차입니다. 숨겨진 예금이나 투자자산을 찾아내어 정당한 과세가 이루어지도록 하는 중요한 절차입니다.

□ 금융재산 조회 기준

조회 유형	기준금액	조회권자	비고
의무적 일괄조회	30억 원 이상	국세청장/지방청장	필수 실시
재량적 일괄조회	30억 원 미만	국세청장/지방청장	탈루혐의 시
개별점포조회	제한 없음	세무서장 가능	특정 금융기관만

금융거래정보의 제공 요구서

(금융실명법 제4조 제2항 · 제6항 및 제4조의2)

수신처 : ** 은행 본점(**지점)

문서번호※		요구일자	
요구기관명	서울지방국세청		
요구자	근무부서	직책	성명
담당자	서울청조사3국 *과	세무조사관	
책임자	서울청조사3국 *과	행정사무관	
요구 내용	명의인의 인적사항[1)]		
	요구대상 거래기간	2013.1.1.~2017.12.31	
	요구의 법적근거	일괄조회 : 상속증여세법 제83조 (개별조회 : 금융실명법 제4조 제1항 제2호)	
	사용목적	세무조사	
	요구하는 거래 정보등의 내용	**은행(**지점)의 모든 계좌 및 그 계좌의 입 · 출금 내역	
통보 유예※	유예기간	정보제공회신일로부터 6개월	
	유예사유	질문 · 조사등 행정절차의 진행을 방해하거나 지연시킬 우려(금융실명법 제4조의2 제2항 3호)	
특이 사항※	엑셀로 변환하여 kim****@nts.go.kr 로 회신바랍니다.		

서울지방국세청장 (인)

주1) 명의인의 인적사항은 금융실명거래및비밀보장에관한법률시행령 제10조 각호의 1을 의미

※ 문서번호, 통보유예 및 특이사항은 필요한 경우에만 기재(통보대상이 아닌 경우 그 법적근거 등의 사유는 특이사항에 기재)

피상속인에 대한 상속세 세무조사와 다른 세무조사가 동시에 함께 진행되는 경우도 있나요?

상속세 조사 시 피상속인의 사망 전 미결자료도 함께 조사됩니다. 이미 양도소득세나 증여세 조사대상자로 선정되어 있었다면 상속세와 동시에 양도소득세나 증여세도 함께 일괄조사를 실시합니다.

상속세 조사관할 관서에서 모든 사항을 한 번에 처리하여 납세자의 편의를 도모합니다. 중복조사로 인한 불편을 최소화하려는 취지입니다.

개인 통합조사(소득세, 부가가치세 등) 대상자로 이미 선정되어 있던 경우도 있습니다. 이런 경우 상속세 조사관할 관서에서 모든 세목에 대하여 조사를 실시합니다. 소득세, 부가가치세 등 다른 세목도 함께 검토하게 됩니다.

증여세 조사가 필요한 경우에는 관련인 모두를 동시조사 대상자로 선정할 수 있습니다. 특히 양도대금이나 취득자금의 증여 여부 확인이 필요한 경우가 이에 해당합니다.

납세지가 다른 수증자들이 같은 부동산을 지분으로 증여받은 경우도 있습니다. 이때는 동시조사 승인을 받아 한 곳에서 통합 조사를 실시합니다.

□ 동시조사 대상 범위

조사 유형	대상 범위	처리 방법
재산제세 미결자료	양도세, 증여세, 자금출처	상속세와 일괄조사
개인사업 통합조사	소득세, 부가세 등 전 세목	모든 세목 동시조사
증여세 관련	증여자, 수증자, 관련인	관련인 전체 조사
공동취득 부동산	모든 공동취득자	관할조정 후 통합조사

기획점검은 무엇이고 어떻게 진행되나요?

기획점검은 특정 유형의 탈루 혐의사항을 집중 점검하는 제도입니다. 국세청장, 지방국세청장, 세무서장이 필요하다고 판단할 때 계획을 수립하여 실시합니다. 이는 세무조사와는 별개의 절차입니다.

점검 대상자로 선정되면 먼저 '상속세 신고내용 확인 해명자료 제출 안내문'을 받게 됩니다. 이 경우 1주 이상의 충분한 기간 내에 해명자료를 제출해야 합니다. 해명자료는 신고내용 확인 범위에 한정되므로 과도한 자료 요구는 하지 않습니다.

제출된 해명자료를 검토한 후 세 가지 결과 중 하나로 처리됩니다. 혐의가 없으면 '혐의 없음'으로 종결되고, 단순 오류가 발견되면 수정신고를 안내받습니다. 중대한 탈루 혐의가 있다면 실지조사 대상자로 선정됩니다.

기획점검 결과는 대상자 선정일로부터 2개월 이내에 통지됩니다. 검토결과 안내문을 통해 향후 진행사항을 알 수 있습니다. 이는 납세자의 예측가능성을 높이고 불안감을 줄이기 위한 조치입니다.

세무서장이 관내 특수성을 감안하여 점검이 필요하다고 판단하는 경우도 있습니다. 이 경우 지방국세청장의 승인을 받아 점검대상자를 선정할 수 있습니다.

□ 기획점검 처리 절차

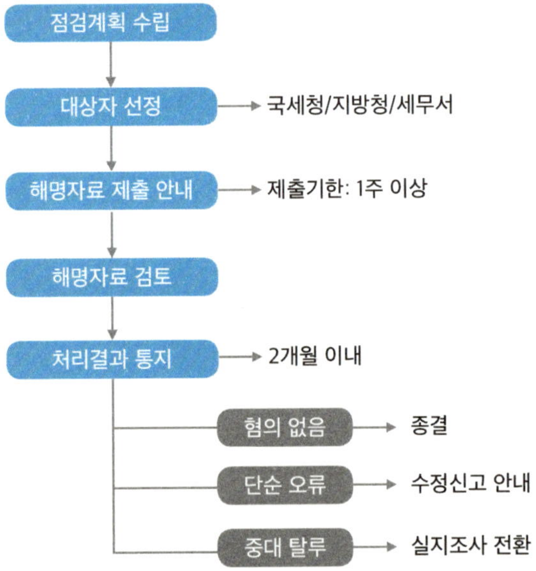

■ 상속세 및 증여세 사무처리규정 [별지 제5호 서식] <2020. 07. 20. 개정>

국세청
National Tax Service

기 관 명

상속세(증여세) 해명자료 제출 안내

문서번호 : 재산세과 -

○ 수신자 ○○○ 귀하

안녕하십니까? 항상 국세행정에 협조하여 주신데 대하여 감사드립니다.

귀하의 상속(증여)과 관련하여 아래와 같이 과세자료가 발생하였음을 알려드리니 이에 대한 해명자료를 20 . . .까지 제출하여 주시기 바랍니다.

○ 과세자료 발생 경위(해명할 사항)

○ 과세자료 내용(상속 또는 증여받은 재산)

세목	상속(증여)받은 재산	상속개시일	증여일	비 고
상속				
증여				

○ 제출할 해명자료

과세자료 검토내용과 같이 상속세(증여세)를 과소신고한 경우 위 기한까지 수정(기한후)신고 · 납부하여 주시기 바라며, 기한 내 회신이 없거나 제출한 자료의 내용이 불분명한 경우에는 과세자료의 내용대로 세금이 부과될 수 있음을 알려드립니다.

년 월 일

기 관 장

위 내용과 관련한 문의사항은 담당자에게 연락하시면 친절하게 상담해 드리겠습니다.
◆ 담당자 : ○○세무서 ○○○과 ○○○ 조사관(전화 : , 전송 :)

백상지(80g/㎡) 또는 중질지(80g/㎡)

■ 상속세 및 증여세 사무처리규정 [별지 제18호 서식] <2020. 07. 20. 개정>

국세청
National Tax Service

기 관 명

상속세(증여세) 해명자료 검토결과 안내

문서번호 : 재산세과 -

○ 수신자 ○○○ 귀하

안녕하십니까? 평소 국세행정에 협조하여 주신데 대하여 감사드립니다.

귀하가 제출한 상속세(증여세) 해명자료의 검토결과를 아래와 같이 알려드립니다.

○ 제출한 해명자료 (제출일 : 20 . . .)

재산내역	검토한 내용

○ 검토 결과

(예시) 귀하가 제출한 해명자료를 검토한 결과 해명내용 적정한 것으로 판단됨

※ 위 검토 결과는 귀하가 제출한 해명자료를 서면으로만 검토한 결과이며, 추후 세무조사 또는 새로운 내용이 발견되면 재검토될 수 있습니다.

년 월 일

기 관 장

위 내용과 관련한 문의사항은 담당자에게 연락하시면 친절하게 상담해 드리겠습니다.
◆ 담당자 : ○○세무서 ○○○과 ○○○ 조사관(전화 : , 전송 :)

백상지(80g/㎡) 또는 중질지(80g/㎡)

■ 상속세 및 증여세 사무처리규정 [별지 제6호 서식] <2020. 07. 20. 개정>

국세청
National Tax Service

기 관 명

상속세(증여세) 수정(기한후) 신고 안내

문서번호 : 재산세과 -

○ 수신자 ○○○ 귀하

안녕하십니까? 항상 국세행정에 협조하여 주신데 대하여 감사드립니다.

귀하가 20 . . . 제출한 해명자료에 대한 검토결과를 아래와 같이 알려드리니, 내용을 확인하신 후 20 . . .까지 수정(기한후) 신고 · 납부하여 주시기 바랍니다.

○ 제출한 해명자료

① 제출일	20 . . .
② 내 용	

○ 검토결과

확인 내용	과세이유 및 근거	수정(기한후)신고 · 납부할 사항

위 기한까지 신고 · 납부를 하지 않을 때에는 검토 결과대로 세금이 부과됩니다.

년 월 일

기 관 장

위 내용과 관련한 문의사항은 담당자에게 연락하시면 친절하게 상담해 드리겠습니다.
◆ 담당자 : ○○세무서 ○○○과 ○○○ 조사관(전화 : , 전송 :)

백상지(80g/㎡) 또는 중질지(80g/㎡)

상속세 신고 후 서면조사는 어떻게 이루어지나요?

상속세 신고 후 모든 건이 실지조사로 이어지는 것은 아닙니다. 상속재산가액이 공제액에 미달하거나 서면검토로 충분한 경우에는 서면으로 결정됩니다.

서면검토 과정에서 추가 확인이 필요하면 '해명자료 제출 안내문'을 받게 됩니다. 상속인이나 수유자, 관련인에 대한 사실관계 확인이 목적입니다. 제출 기한은 충분히 부여되므로 성실하게 대응하는 것이 중요합니다.

제출된 해명자료를 검토하여 문제가 없으면 서면으로 상속세를 결정합니다. 이 경우 현장조사 없이 신고내용과 제출자료만으로 과세가 종결됩니다. 납세자 입장에서는 시간과 비용을 절약할 수 있는 장점이 있습니다.

다만 서면검토 중 중대한 누락이나 탈루 혐의가 발견되면 실지조사로 전환됩니다. 처음부터 정확하고 성실한 신고를 하는 것이 무엇보다 중요한 이유입니다.

서면조사는 과세행정의 효율성과 납세자 편의를 동시에 추구하는 제도입니다. 대부분의 성실신고자는 서면조사로 종결되어 부담을 덜 수 있습니다.

□ 서면조사 진행 단계

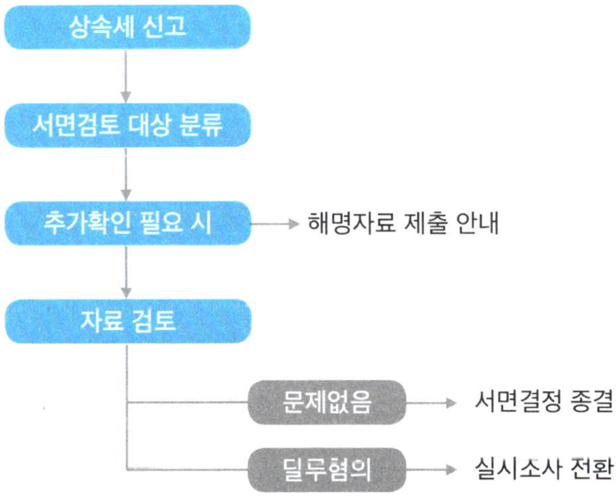

'인별재산과세자료 관리대상'은 무엇인가요?

국세청은 특정 기준에 해당하는 사람들의 재산정보를 상시 관리합니다. 이를 '인별재산과세자료 관리대상'이라고 하며, 상속세 조사의 중요한 기초자료가 됩니다.

부동산 과다보유자로서 재산세를 일정금액 이상 납부한 사람과 배우자가 대상입니다. 부동산 임대소득세나 종합소득세를 일정금액 이상 납부한 경우도 포함됩니다. 이들의 재산변동 상황을 지속적으로 모니터링합니다.

대규모 법인의 최대주주와 그 배우자도 관리대상입니다. 납입자본금이나 자산규모가 일정금액 이상인 법인이 기준이 됩니다. 주식 등 금융자산의 변동을 중점적으로 관찰합니다.

고액 상속공제를 받았거나 증여로 일정금액 이상 재산을 취득한 사람도 해당됩니다. 과거 상속이나 증여 이력이 있는 사람은 계속 관찰대상이 되는 것입니다. 재산 처분이나 수용으로 큰 자금을 받은 고령자도 포함됩니다.

위의 관리대상자가 사망하면 자동으로 정밀조사 대상이 됩니다. 평소 축적된 재산정보를 바탕으로 신고내용을 검증하게 됩니다.

□ 인별재산과세자료 관리대상자

구분	대상자 기준	관리 내용
부동산 과다보유자	재산세 일정금액 이상 납부자 및 배우자	부동산 변동 모니터링
고액 소득자	부동산임대/종합소득세 일정금액 이상	소득 및 재산 추적
대주주	일정규모 이상 법인의 최대주주 및 배우자	주식변동 관찰
과거 수증자	고액 상속공제/증여 수혜자	재산증감 관리
재산처분자	일정금액 이상 처분/수용된 고령자	자금흐름 추적

상속세 신고시 상속재산은 피상속인의 사망일 당시의 재산만 신고하면 되나요?

상속재산에는 피상속인에게 귀속되는, 금전으로 환산할 수 있는 경제적가치가 있는 모든 물건과 재산적가치가 있는 모든 권리가 포함됩니다. 따라서 사망일의 피상속인 소유의 재산뿐만 아니라 보험금, 신탁재산, 퇴직금도 상속재산이 되고 상속개시 전 처분재산 중 사용처가 불분명한 금액도 상속재산이 됩니다.

만약 상속개시일의 재산에만 상속세를 과세한다면 상속개시 전에 증여 등을 통하여 상속재산을 줄여서 상속세를 적게 내려고 할 것입니다. 따라서 상속인에게는 상속개시일 전 10년 이내 증여한 재산을 상속재산에 합산하게 하고 상속인 외의 자에게는 상속개시일 전 5년 이내 증여한 재산을 상속재산에 합산하도록 하고 있습니다.

모든 재산이 상속재산에 포함되는 것은 아닙니다. 상속재산으로 보지 않고 비과세를 해주는 상속재산이 있습니다. 국가나 지방자치단체 등에 유증한 재산이나 문화재보호법에 따른 문화재 등은 상속세를 부과하지 않고 있습니다. 또한 공익법인 등에 상속재산을 출연하고 일정 요건을 충족하는 경우 그 출연재산을 상속재산에 산입하지 않습니다.

상속세 조사 중 증여세 조사를 같이 할 수 있나요?

상속세 조사 과정에서 증여세 문제가 발견되면 동시조사를 실시합니다. 피상속인이 사망 전 10년(상속인) 또는 5년(상속인 외) 이내 증여한 재산이 있다면 함께 검토합니다.

예를 들어, 상속이 일어나기 전 상속인에게 10년 이내 재산을 증여하고 증여세 신고를 하지 않은 상태라고 하면, 상속세 조사를 받는 과정에서 신고하지 않은 증여가 검토되어 상속세 이외 추가적인 증여세가 추징됩니다.

또한, 양도대금이나 취득자금의 출처를 확인하는 과정에서 증여 혐의가 발견되기도 합니다. 이 경우 증여자와 수증자, 관련인 모두를 조사대상으로 선정합니다. 자금흐름을 정확히 파악하기 위한 필수적인 절차입니다.

여러 명이 같은 부동산을 지분으로 증여받은 경우도 있습니다. 혹은 같은 법인의 주식을 여러 명이 증여받기도 합니다. 이런 경우 동시조사를 통해 전체적인 그림을 파악합니다.

납세지가 서로 다른 경우에도 동시조사가 가능합니다. 관할 조정을 통해 한 곳에서 통합조사를 실시하여 납세자 편의를 도모합니다. 지방국세청이 다른 경우에는 국세청장이 조사관서를 지정합니다.

동시조사는 조사의 효율성과 정확성을 높이는 중요한 제도입니다. 관련 거래를 종합적으로 파악하여 공정한 과세가 이루어지도록 합니다.

□ 상속·증여 합산 과세 기간

구분	합산 기간	적용 대상
상속인이 받은 증여	10년 이내	직계존비속, 배우자
상속인 외가 받은 증여	5년 이내	기타 친족, 제3자
증여재산 공제	10년간 합산	동일인으로부터 받은 증여

피상속인이 사망하면 상속세 신고를 먼저 해야 하나요, 아니면 상속등기를 먼저 해야 하나요?

피상속인이 사망하면, 상속세 신고는 상속개시일이 속하는 달의 말일부터 6개월 이내에 하여야 합니다.

그러나 상속등기 자체에는 기한이 없습니다. 예를 들어, 상속이 이루어진 후 상속등기를 10년 후에 한다고 해도 과태료가 없습니다.

다만 상속재산이 부동산일 경우 취득세는 상속개시일이 속하는 달의 말일로부터 6개월 이내에 신고납부를 해야 하고, 이 기한을 넘기면 가산세가 부과됩니다. 보통의 경우 취득세를 납부하고 상속등기를 하지만, 상속등기와는 별개로 취득세를 납부하게 되면 상속등기를 안하거나 늦게 하더라도 문제는 없습니다.

상속은 사망으로 인하여 개시됩니다. 즉 상속은 사망과 동시에 일어나는 것이지 상속등기나 상속세 신고에 의해 일어나는 것이 아닙니다.

따라서 상속세 신고와 상속등기는 어느 것을 먼저 해야 하는 것이 아니라, 애초에 별개로 보아야 합니다.

상속세 세무조사는 얼마나 오래 걸리나요?

조사기간의 기본 원칙

상속세 세무조사는 기본적으로 최소한의 기간이 되도록 진행됩니다. 세무공무원은 조사대상 세목, 업종, 규모, 조사 난이도 등을 고려하여 조사기간을 정합니다.

일반적인 조사기간은 20일입니다. 여기에는 공휴일이 모두 포함됩니다. 다만 상속세의 경우 확인해야 할 사항들이 많기 때문에, 통상 40~60일 정도 세무조사를 하게 됩니다.

조사기간 연장의 필요성

상속재산이나 증여재산의 조사, 가액 평가 등에는 상당한 시간이 소요될 수 있습니다. 특히 복잡한 재산 구조나 평가가 어려운 재산이 있는 경우 추가 시간이 필요할 수 있습니다. 이런 경우 부득이한 사유가 있다면 조사기간을 연장할 수 있습니다.

조사기간 연장 사유

조사기간을 연장할 수 있는 경우는 법령에서 구체적으로 정하고 있습니다. 납세자가 장부나 서류를 은닉하거나 제출을 지연하는 경우, 거래처 조사나 금융거래 현지확인이 필요한 경우가 대표적입니다. 또한 세금탈루 혐의가 포착되거나 천재지변 등으로 조사가 중단되는 경우에도 연장이 가능합니다.

조사기간 연장 절차

조사기간을 연장하려면 반드시 상급기관의 승인을 받아야 합니다. 조사담당 국장이나 과장은 조사기간 종료 3일 전까지 납세자보호담당관에게 연장을 신청해야 합니다. 납세자보호위원회에서 이를 심의하여 승인 여부를 결정합니다.

조사의 중지와 재개

조사 진행이 어려운 상황이 발생하면 조사를 일시 중지할 수 있습니다. 납세자가 자료 제출을 지연하거나 기타 조사 진행을 방해하는 사유가 있을 때 가능합니다. 중지 사유가 해소되면 즉시 조사를 재개하며, 중지된 기간은 조사기간에 포함되지 않습니다.

납세자의 권리 보장

조사기간이 연장되거나 중지되는 경우 반드시 납세자에게 그 사유와 기간을 문서로 통지해야 합니다. 이는 납세자의 예측 가능성을 보장하고 조사 과정의 투명성을 확보하기 위한 것입니다.

조사 조기 종결 가능성

조사 과정에서 더 이상 조사할 사항이 없다고 판단되면 조사기간 만료 전에도 조사를 조기 종결할 수 있습니다. 이는 납세자의 부담을 줄이고 효율적인 조사를 위한 제도입니다.

상속세 세무조사 시 준비해야 할 자료는 무엇인가요?

세무조사 통지를 받으면 관련 자료를 미리 준비하는 것이 좋습니다. 피상속인의 재산 관련 서류부터 금융거래 내역까지 다양한 자료가 필요합니다.

부동산 등기부등본과 토지대장, 건축물대장 등 부동산 관련 서류가 기본입니다. 매매계약서와 취득 당시 자금조달 내역도 함께 준비해야 합니다. 임대차계약서가 있다면 임대수입 관련 자료도 필요합니다.

피상속인과 상속인의 금융거래 내역은 필수입니다. 예금통장, 증권계좌 거래내역을 최소 5년치는 준비하는 것이 좋습니다. 대출이 있었다면 대출계약서와 상환내역도 확인합니다.

사업체를 운영했다면 재무제표와 세금신고서를 준비합니다. 거래처별 매출, 매입 내역과 현금출납 관련 자료도 중요합니다. 차량, 골프회원권 등 기타 재산의 취득, 처분 관련 서류도 빠짐없이 준비해야 합니다.

의료비 영수증이나 장례비용 영수증 등 공제 관련 증빙도 중요합니다.

체계적인 자료 준비는 조사기간을 단축시키고 유리한 결과를 얻는 데 도움이 됩니다.

□ 세무조사 준비 서류 체크리스트

구분	필수 준비 서류	준비 기간
부동산 관련	등기부등본, 토지/건축물대장, 매매계약서, 임대차계약서	전체 기간
금융자산	예금통장, 증권계좌 내역, 대출계약서	5년치 이상
사업 관련	재무제표, 세금신고서, 매출/매입장, 현금출납부	3~5년치
기타 재산	차량등록증, 회원권 계약서, 보험증권	전체 기간
공제 증빙	의료비/장례비 영수증, 기부금 영수증	해당 기간

상속세 조사 시 채무는 어떻게 확인되나요?

상속세 계산 시 피상속인의 채무는 상속재산에서 공제됩니다. 하지만 모든 채무가 인정되는 것은 아니며, 세무조사에서 엄격한 검증 과정을 거칩니다.

채무 인정을 위해서는 객관적인 증빙이 필수적입니다. 금융기관 대출의 경우 대출계약서와 상환내역을 확인합니다. 개인간 채무는 차용증, 금전소비대차계약서, 입금증빙 등이 필요합니다. 공증받은 서류가 있다면 더욱 유리합니다.

상속세 조사에서 인정된 채무는 사후관리 대상이 됩니다. 상환기한이 지났는데도 갚지 않은 채무는 NTIS 시스템에 입력되어 관리됩니다. 특히 가족간 채무는 실제 상환 여부를 지속적으로 확인받게 됩니다.

구체적으로 과세당국은 다음의 해명자료 제출 안내를 통해 채무의 상환 여부를 확인합니다.

구상불능채무나 연대채무도 특별 관리대상입니다. 주채무자가 변제능력을 상실한 경우에만 인정되며, 이후 상황 변동을 계속 모니터링합니다. 채무자가 변제능력을 회복하면 상속세를 추징당할 수도 있습니다.

■ 상속세 및 증여세 사무처리규정 [별지 제17호 서식] <2020. 07. 20. 개정>

국세청
National Tax Service

기 관 명

부채 상환에 대한 해명자료 제출 안내

문서번호 : 재산세과 -

○ 수신자 ○○○ 귀하

안녕하십니까? 항상 국세행정에 협조하여 주신데 대하여 감사드립니다.

20 . . . 귀하의 상속세(증여세) 결정(또는 자금출처조사) 당시 인정(확인)된 부채에 대하여 상환여부를 확인하고자 하니 20 . . .까지 아래의 해명자료를 제출하여 주시기 바랍니다. (제출 요청 근거 :「상속세 및 증여세법」 제84조)

해명 요청 사항	해명 사항에 대한 증거 서류
- 상환일자 : - 상환금액 : - 상환수단 : - 상환자금 출처 :	

년 월 일

기 관 장

위 내용과 관련한 문의사항은 담당자에게 연락하시면 친절하게 상담해 드리겠습니다.
◆ 담당자 : ○○세무서 ○○○과 ○○○ 조사관(전화 : , 전송 :)

백상지(80g/㎡) 또는 중질지(80g/㎡)

상속세 세무조사 결과 통지는 어떻게 이루어지나요?

세무조사가 종료되면, 다음과 같은 서식의 세무조사 결과 통지를 받게 됩니다. 이러한 세무조사 결과에 이의가 있다면, 세무조사 결과를 바로잡기 위해 과세전적부심사청구를 할 수 있습니다.

다만 과세전적부심사청구에서 주장이 받아들여지지 않으면, 세무조사 결과에 따른 고지서를 받게 되고, 해당 고지서에 대해서는 불복 절차를 통해 다툴 수 있습니다. 구체적인 내용은 제1편 세무조사 총론의 해당 부분을 참고하시기 바랍니다.

■ 상속세 및 증여세 사무처리규정 [별지 제9호 서식(갑)] <2024. 5. 20. 개정>

국세청
National Tax Service

기 관 명

수신자
(경유)
제 목 **상속세 과세표준 및 세액 계산내용 통지**

20 . . . 상속이 개시된 피상속인(고 ○○○님)의 상속재산에 대한 상속세 과세표준과 세액계산명세를 다음과 같이 알려드리며, 상속재산가액에서 공제받은 채무에 대해서는 전액 상환시까지 원리금 지급 및 상환자금 출처에 대한 사후관리를 실시하며, 이와 관련된 소명을 요청할 수 있습니다.

1. 피상속인 (인적사항)			
성 명		주민등록번호	
주 소		상속개시일	

2. 상속세 과세표준 및 세액 계산 내용 (단위 : 원)	
1. 상속재산가액	
2. 상속세 과세가액	
3. 공제금액	
4. 과세표준	
5. 산출세액	
6. 세액공제	
7. 가산세	
8. 총결정세액	
9. 자진납부세액	
10. 당초 결정(경정)고세세액	
11. 차감 고지세액	

3. 조사관서

4. 상속재산가액에서 공제받은 채무 중 사후관리할 채무			
채무종류	채권자	채무금액	비고

붙임 : 상속세 과세표준 및 세액 계산내용(을) 1부. 끝.

기 관 장 직인

위 내용과 관련한 문의사항은 담당자에게 연락하시면 친절하게 상담해 드리겠습니다.
◆ 담당자 : ○○세무서 ○○○과 ○○○ 조사관(전화 : , 전송 :)

기안자 직위(직급) 서명 검토자 직위(직급)서명 결재권자 직위 (직급)서명
협조자
시행 처리과-일련번호(시행일자) 접수 처리과명-일련번호(접수일자)
우 주소 /홈페이지 주소
전화( ) 전송( ) /기안자의 공식전자우편주소 /공개구분
210㎜×297㎜[백상지(80g/㎡) 또는 중질지(80g/㎡)]

■ 상속세 및 증여세 사무처리규정 [별지 제9호 서식(을)] <2024. 5. 20. 개정>

상속세 과세표준 및 세액 계산내용 통지(을)

납 세 자	1 성 명		2 주민등록번호	
	3 주 소			

상 속 세 과 세 표 준 및 세 액 계 산 내 용 (단위 : 원)		
상 속 세 과 세 가 액	4 상속재산가액	
	5 법 제15조 상속개시전처분재산등 산입액	
	6 법 제12조 비과세 재산가액	
	7 법 제16조 공익법인 출연재산가액	
	8 법 제17조 공익신탁가액	
	9 법 제14조 공제금액(한도 : 5+6-7-8-9)	
	10 법 제13조 증여재산 가산액	
	11 조특법 제30조의5, 제30조의6 증여재산 가산액	
	12 상속세과세가액(4+5-6-7-8-9+10+11)	
공 제 금 액	13 법 제18조 기초공제	
	14 법 제18조 가업 상속공제	
	15 법 제18조 영농 상속공제	
	16 법 제19조 배우자 상속공제액	
	17 법 제20조 그 밖의 인적공제	
	18 법 제21조 일괄공제	
	19 법 제22조 금융재산 상속공제	
	20 법 제23조 재해손실 공제	
	21 법 제23조의2 동거주택 상속공제	
	22 공제금액합계(13+~+21) 또는 공제 한도액	
	23 감정평가수수료	
세 액 계 산	24 과세표준(12-22-23)	
	25 산출세액(세대생략 가산액 포함)	
	26 문화재등 징수유예세액	
	27 세액공제	
	28 가산세	
	29 총결정세액(25-26-27+28)	
기 납 부 세 액	30 자진납부세액	
	31 당초 결정(경정)고지세액	
32 차감 고지세액(29-30-31)		
33 조사관서		

190㎜×268㎜(인쇄용지 2급 60g/㎡)

■ 상속세 및 증여세 사무처리규정 [별지 제10호 서식] <2020. 07. 20. 개정>

국세청
National Tax Service

기 관 명

수신자
(경유)
제　목　**상속인 또는 수유자별 납부할 상속세액 및 연대납세의무자 통지**

피상속인 고 ○○○님에 대한 상속세 결정결과 각 상속인 또는 수유자는 상속세 및 증여세법 제3조의2 제3항에 따라 아래와 같이 연대납세의무가 있음을 알려드립니다.

1. 피상속인 인적사항			
성　명		주민등록번호	
주　소		상속개시일	

2. 상속인 또는 수유자별 납부할 상속세액 및 연대납세 의무자 명단 (단위 : 원)

성명	주민등록번호	피상속인과의 관계	주소	상속 지분	납부할세액	연대납부의무 한도액

끝.

기 관 장　직인

위 내용과 관련한 문의사항은 담당자에게 연락하시면 친절하게 상담해 드리겠습니다.
◆ 담당자 : ○○세무서 ○○○과 ○○○ 조사관(전화 : , 전송 :)

기안자 직위(직급) 서명　검토자 직위(직급)서명　결재권자 직위 (직급)서명
협조자
시행　처리과-일련번호(시행일자)　접수　처리과명-일련번호(접수일자)
우　주소　/ 홈페이지 주소
전화( )　전송( )　/ 기안자의 공식전자우편주소　/ 공개구분
210㎜×297㎜[백상지(80g/㎡) 또는 중질지(80g/㎡)]

상속세가 너무 많아서 한 번에 납부하기 어려울 때는 어떻게 해야 하나요?

상속이 개시되면 상속받은 재산에 대해 상속세를 납부해야 합니다. 그런데 상속받은 재산이 현금이 아닌 부동산이나 주식 등인 경우, 상속세를 한 번에 납부하기 어려운 상황이 발생할 수 있습니다.

이런 경우 납세자는 연부연납이나 물납 또는 분납을 신청할 수 있습니다. 연부연납은 상속세를 분할하여 납부하는 제도이고, 물납은 현금 대신 재산으로 납부하는 제도입니다.

연부연납을 신청하기 위해서는 납부할 세금이 2천만 원을 초과하여야 하고, 신청세액에 상당하는 부동산 등 납세담보를 제공하여야 하며, 신고기한 내에 연부연납신청서를 제출하여야 합니다. 세무서장은 법령에서 정한 기간 내에 허가 여부를 결정하게 됩니다. 만약 정해진 기간까지 허가 여부를 통지하지 않으면 허가한 것으로 봅니다.

일반적인 상속재산일 경우 연부연납은 10년 이내에 상속인이 신청한 기간으로 합니다. 만일 5년 연부연납일 경우 납부할 세액의 6분의 1은 상속세 신고기한까지 납부하고 나머지 6분의 1은 매년 5개년에 걸쳐 납부하게 됩니다.

연부연납은 세금을 한 번에 납부하기가 어려워 여러 해에 걸쳐 나누어 납부하는 편의를 제공받는 대신 이자 성격의 가산금을 매년 납부할 세액에 합산하여 납부하게 됩니다. 이자율은 국세기본법 시행규칙에서 정한 이율이 적용되며 2025년 현재 연부연납 가산금은 연 3.5%입니다.

만약 연부연납 세액을 기한 내에 납부하지 않거나 납세담보에 문제가 있을 경우에는 연부연납의 허가가 취소될 수 있고 이 경우에는 남은 세액 전액을 한번에 납부하여야 합니다.

물납을 신청하는 경우에는 세무서에서 반드시 현장확인을 실시합니다. 이는 물납으로 제공하는 재산이 관리나 처분에 적합한지를 확인하기 위함입니다. 현장확인을 통해 물납에 부적당한 재산이 물납되는 것을 방지하고 있습니다.

물납의 경우에는 세무서장이 지방청에 지휘를 요청하고, 지방청의 검토를 거쳐 최종 허가 여부가 결정됩니다. 물납에 관한 세부적인 절차는 국세징수사무처리규정에 따라 처리됩니다.

참고로 국세청에 따르면, 2024년 상속세 물납이 약 4791억 원이고, 그 중 주식이 약 2824억 원으로 물납 전체의 58.9%를 차지합니다.

□ 최근 5년간 상속세 세수 및 물납 현황

단위 : 억, %

구분		합계	2020	2021	2022	2023	2024
상속세 세수		366,486.87	39,042.34	69,447.42	76,113.02	85,444.22	96,439.87
물납액		61,779.83	863.78	5,320.18	827.94	49,976.35	4,791.58
물납 비율		16.9%	2.2%	7.7%	1.1%	58.5%	5.0%
물납 증감				4,456	4,492	49,148	45,185
물납 세부	주식	55,523.90	483.39	4,4102.62	134.29	47,979.50	2,824.10
	차지비율	89.9%	56.0	77.1%	16.2%	96.0	58.9
	부동산	6,229.98	380.39	1,217.56	693.65	1,996.85	1,941.53
	미술	25.95					25.95

상속세의 분납은 납부세액이 1천만 원을 초과할 경우에, 세무서의 허가나 별도의 신청서를 제출할 필요 없이 상속세신고서의 분납란에 납부할 세액을 기재함으로써 분납신청을 한 것으로 봅니다. 납부할 세액이 2천만 원 이하일 경우에는 1천만 원을 초과하는 금액을 분납할 수 있고 납부기한이 지난 후 2개월 이내에 분납할 수 있습니다. 납부할 세액이 2천만 원을 초과할 경우에는 납부할 세액의 50% 이상의 금액을 납부기한 내 납부하고 나머지 50% 이하의 금액을 납부기한이 지난 후 2개월 이내에 분납할 수 있습니다.

만일 연부연납의 허가를 받은 경우에는 분납이 허용되지 않습니다.

상속세 납부가 어려운 상황에서는 이러한 제도를 적극 활용하여 납세의무를 이행할 수 있습니다. 다만 신청 요건과 절차를 정확히 파악하여 적시에 신청하는 것이 중요합니다.

■ 상속세 및 증여세법 시행규칙 [별지 제11호 서식] <개정 2024. 3. 22.>

상속세(증여세) 연부연납허가(변경, 철회) 신청서

(앞쪽)

관리번호	-			
신 청 인	① 성 명		② 주 민 등 록 번 호	
	③ 주 소 (☎ :)		④ 전자우편주소	
재산별 구분	⑤ [ ]「상속세 및 증여세법」 제71조 제2항 제1호 가목의 상속재산 [ ] 그 밖의 상속재산 [ ]「조세특례제한법」 제30조의6을 적용받은 증여재산 [ ] 그 밖의 증여재산			
피상속인(증여자)	⑥ 성 명		⑦ 주 민 등 록 번 호	
세무대리인	성 명	사업자등록번호	생년월일	연락처

⑧ 신고(고지납부) 기한		⑨ 총 납부세액			⑩ 최초 납부세액		⑪ 연부연납 대상금액(⑨-⑩)			
구 분	1 회	2 회	3 회	4 회	5 회	6 회	7 회	8 회	9 회	10회
납부예정일										
납부예정 세액										
구 분	11회	12회	13회	14회	15회	16회	17회	18회	19회	20회
납부예정일										
납부예정 세액										

「상속세 및 증여세법」 제71조 및 같은 법 시행령 제67조·제68조에 따라 위와 같이 연부연납 허가를 신청([ ]최초,[ ]변경,[ ]철회)합니다.

년 월 일

신청인 (서명 또는 인)

신청인 (서명 또는 인)

신청인 (서명 또는 인)

신청인 (서명 또는 인)

세무대리인 (서명 또는 인)

등 기 승 낙 서

년 월 일 납세담보제공서에 표시된 부동산에 대하여 납세담보의 목적으로 저당권을 설정할 것을 승낙합니다.

년 월 일

신청인 (서명 또는 인)

세무서장 귀하

신청인 제출서류	1. 유가증권인 경우 공탁영수증 1부 2. 은행의 지급보증서 1부 3. 납세담보제공서 1부	수수료 없음
담당공무원 확인사항	1. 토지 등기사항증명서 2. 건물 등기사항증명서	

행정정보 공동이용 동의서

본인은 이 건 업무처리와 관련하여 담당 공무원이 「전자정부법」 제36조 제1항에 따른 행정정보의 공동이용을 통하여 위의 담당 공무원 확인사항을 확인하는 것에 동의합니다. * 동의하지 않는 경우에는 신청인이 직접 관련 서류를 제출해야 합니다.

신청인 (서명 또는 인)

210mm×297mm[백상지 80g/㎡]

■ 상속세 및 증여세법 시행규칙 [별지 제13호 서식] <개정 2020. 3. 13.>

상속세 물납(변경, 철회)신청서

※ 뒤쪽의 작성방법을 읽고 작성하시기 바랍니다. (앞쪽)

관리번호		-		
신청인	① 성명		② 주민등록번호	
	③ 주소	(☎)	④ 전자우편주소	
신청 내용	⑤ 납부세액		⑥ 물납신청세액	
	⑦ 유형	[ ] 신고분 [ ] 고지분 [ ]연부연납분	⑧ 납부기한	

물납대상 재산명세

⑨ 종류	⑩ 소재지 (유가증권은 발행기관)	⑪ 평가기준일	⑫ 평가기준	⑬ 단위당가액	⑭ 수량	⑮ 총액	⑯ 비고
⑰ 계							

「상속세 및 증여세법」 제73조 및 같은 법 시행령 제70조, 제72조부터 제75조까지에 따라 위와 같이 물납을 신청([ ]최초,[ ]변경,[ ]철회)합니다.

년 월 일

신청인 (서명 또는 인)

세무서장 귀하

※ 「국유재산법」 제11조에 따라 사권이 설정된 재산은 국유재산으로 물납할 수 없습니다.

신청인 제출서류	공과금 납세필증 1부	수수료
담당공무원 확인사항	1. 토지 등기사항증명서 2. 건물 등기사항증명서	없음

행정정보 공동이용 동의서

본인은 이 건 업무처리와 관련하여 담당 공무원이 「전자정부법」 제36조 제1항에 따른 행정정보의 공동이용을 통하여 위의 담당 공무원 확인사항을 확인하는 것에 동의합니다. * 동의하지 아니하는 경우에는 신청인이 직접 관련 서류를 제출하여야 합니다.

신청인 (서명 또는 인)

210mm×297mm[백상지 80g/㎡]

상속세 조사가 끝난 후에도 세무서에서 계속 관리하나요?

상속세 조사가 끝나도 사후관리는 계속됩니다.

상속세 조사가 종결된다고 해서 모든 것이 끝나는 것은 아닙니다. 세무서는 조사 결과에 따라 여러 가지 사후관리 업무를 계속 진행합니다. 특히 공제나 감면을 받은 경우에는 그 요건이 계속 유지되는지를 지속적으로 확인합니다.

공제와 감면에 대한 사후관리가 이루어집니다.

상속세에서 각종 공제나 감면을 받은 경우 세무서는 이를 전산시스템(NTIS)에 입력하여 사후관리합니다. 예를 들어, 가업상속공제를 받았다면 향후 몇 년간 그 요건을 계속 충족하는지 확인합니다. 만약 감면요건을 갖추지 못한 것이 확인되면 즉시 추가로 세금을 징수합니다.

공익법인에 출연한 재산도 별도 관리됩니다.

상속재산을 공익법인에 출연하여 상속세를 감면받은 경우에는 더욱 엄격한 사후관리가 이루어집니다. 해당 공익법인을 관할하는 세무서에 출연재산 정보가 통보되고, 공익법인이 사후 의무요건을 제대로 지키는지 지속적으로 점검합니다. 세무서장은 연 1회 이상 자체 계획을 수립하여 이를 관리해야 합니다.

상속인의 부채상환 상황도 확인합니다.

상속세 조사 과정에서 인정된 피상속인의 채무에 대해서도 사후관리가 이루어집니다. 특히 구상불능채무로 인정받은 경우 나중에 실제로 상환이 불가능한 상태가 지속되는지 확인합니다. 만약 채무 상황에 변동이 생기면 해명자료 제출을 요구하거나 추가 조사를 실시할 수 있습니다.

비상장주식 가격정보도 활용됩니다.

조사 과정에서 확인된 비상장주식의 실제 거래가격은 전산시스템에 입력되어 향후 동일한 주식의 상속이나 증여가 발생할 때 시가 산정의 참고자료로 활용됩니다. 이를 통해 세무당국은 보다 정확한 재산평가를 할 수 있게 됩니다.

부의 이전에 대한 세무조사 가이드북

제3편

증여세 세무조사

제3편
증여세 세무조사

증여세 세무조사는 어떤 경우에 받게 되나요?

증여세 세무조사 대상은 크게 서면결정 대상과 실지조사 대상으로 구분됩니다.

등기원인이 증여이거나 법률상 증여로 간주되는 경우로서 실지조사 없이 과세가 가능한 경우에는 서면으로 간단히 처리됩니다. 또한 증여재산가액이 증여공제액에 미달하여 실제로 세금이 나오지 않는 경우에도 서면결정으로 처리가 가능합니다.

반면 증여재산의 평가나 부담부증여 등 과세요건을 확인하기 위해 실지조사가 필요한 경우가 있습니다. 납세자가 해명자료 제출을 거부하거나 제출된 자료만으로는 판단이 어려운 경우에도 실지조사 대상이 됩니다. 특히 과세당국이 조사실익이 있다고 판단되는 경우에 실지조사를 실시하게 됩니다.

지방국세청과 세무서는 금액 기준으로 조사 관할을 나누고 있습니다. 주식 등의 증여재산 합계액이 30억 원 이상인 고액 증여의 경우 지방국세청 조사국에서 담당합니다. 30억 원 미만인 경우에는 관할 세무서 재산세과에서 처리합니다(구체적인 관할은 제2편 상속세 세무조사 파트를 참고해주시기 바랍니다).

세무서장은 과세자료 처리 시 납세자의 해명이 필요한 경우 해명자료 제출 안내문을 발송합니다. 이때 납세자는 자신의 입장을 충분히 소명할 수 있는 기회를 갖게 됩니다.

증여세는 정부에서 부과결정하는 세목이므로 반드시 결정단계가 필요합니다. 따라서 상속·증여세 결정을 위해서는 서면결정이나 실지조사 과정이 필수적이며, 납세자는 이 과정에서 성실히 협조해야 합니다.

최근 5년간 증여세 조사건수 및 부과세액은 다음과 같습니다.

구분	2019	2020	2021	2022	2023
조사건수(건)	393	276	271	403	271
부과세액(백만 원)	55,595	82,626	123,499	205,132	100,189

증여받은 재산의 가액은 어떻게 평가하나요?

증여세를 계산할 때 가장 중요한 것은 증여받은 재산의 가액을 정하는 일입니다. 세법에서는 시가를 원칙으로 하되, 시가를 알 수 없는 경우 보충적 평가방법을 적용합니다. 이 평가가액에 따라 증여세가 크게 달라질 수 있어 매우 중요합니다.

시가란 불특정 다수인 사이에 자유롭게 거래되는 경우에 통상 성립되는 가액을 말합니다. 증여일 전 6개월부터 증여일 후 3개월 이내의 매매사례가액이나 감정가액 등이 이에 해당합니다. 상장주식의 경우 증권시장 종가, 부동산의 경우 실거래가격이 시가가 됩니다.

시가를 산정하기 어려운 경우에는 보충적 평가방법을 적용합니다. 부동산은 기준시가를, 비상장주식은 순자산가치와 수익가치를 반영한 방법을 사용합니다. 이 방법은 법령에 정해진 산식에 따라 계산하므로 예측이 가능합니다.

세무조사 시 평가방법이 문제가 되는 경우가 많습니다. 납세자가 신고한 가액과 세무서가 판단한 가액이 다른 경우입니다. 특히 비상장주식이나 특수한 재산의 경우 평가 차이가 크게 발생할 수 있습니다.

평가금액에 대해 이견이 있으면 감정평가를 받을 수 있습니다. 감정평가 수수료는 증여세 계산 시 공제되므로 필요한 경우 적극 활용하는 것이 좋습니다. 다만 감정가액이 반드시 유리한 것은 아니므로 신중히 판단해야 합니다.

최근에는 과세당국이 세무조사 과정에서 소급감정을 하여 과세에 활용하고 있으므로, 이에 대비하여 선제적으로 감정평가를 받는 것도 고려해 보아야 합니다.

평가 시점도 중요합니다. 증여일을 기준으로 평가하되, 증여세 신고기한까지 가액이 확정되지 않은 경우에는 신고기한 이후 3개월 이내의 가액을 적용할 수 있습니다.

자녀가 곧 결혼을 앞두고 있을 때, 부모가 자녀에게 증여세 없이 증여해줄 수 있는 금액의 한도는 얼마인가요?

성년자가 직계존속으로부터 증여받는 경우에는 10년간 5천만 원이 공제한도입니다. 직계존속에는 부모님과 조부모님이 포함됩니다. 그러나 아버지, 어머니, 할아버지, 할머니 각 5천만 원씩 증여를 받을 수 있는 것이 아니라 직계존속 전체를 합산하여 5천만 원까지 증여받을 수 있습니다. 또한 증여를 받는 자녀가 거주자인 경우에만 이 증여공제를 받을 수 있습니다.

한편, 자녀가 결혼하는 경우에는 위의 일반 증여공제와는 별도로 혼인 전후 2년 이내에 증여받는 금액에 대해 1억 원의 결혼 특별공제를 받을 수 있습니다. 여기서 혼인일은 결혼식 날짜가 아니라 혼인신고시 접수일, 즉

혼인관계증명서상의 신고일을 의미합니다. 만약 혼인 전후 2년 이내에 이 공제를 받지 못했다면 자녀의 출생신고일 전후 2년 이내에도 같은 한도로 1억 원의 증여공제를 받을 수 있습니다. 이때 출생일 역시 실제 태어난 날이 아니라 출생신고서상의 출생일을 기준으로 합니다.

따라서 자녀가 과거 10년간 직계존속으로부터 증여를 받은 적이 없다면, 결혼을 계기로 1억5천만 원까지 증여세 없이 증여할 수 있습니다. 또한 자녀의 배우자 역시 동일한 조건에서 자신의 부모로부터 1억5천만 원까지 증여세 없이 증여받을 수 있습니다. 결국 결혼하는 자녀부부는 직계존속으로부터 총 3억 원을 증여세 부담 없이 증여받을 수 있게 되는 것입니다.

증여세를 한 번에 납부하기 어려운 경우에는 어떻게 해야 하나요?

재산을 증여받으면 그 재산가액에 대해 증여세를 납부해야 합니다. 그런데 증여받은 재산이 현금이 아닌 부동산이나 주식 등인 경우, 증여세를 한 번에 납부하기 어려운 상황이 발생할 수 있습니다. 이러한 경우 납세자는 상속과 마찬가지로 연부연납이나 물납 또는 분납제도를 이용할 수 있습니다. 연부연납은 증여세를 여러 해에 걸쳐 나누어 납부하는 제도이며, 물납은 현금 대신 부동산이나 주식 등의 재산으로 세금을 납부하는 제도입니다.

연부연납을 신청하려면 세무서장에게 연부연납신청서를 제출해야 합니다.

연부연납 신청 시에는 납부할 세액이 2천만 원을 초과하고, 신청세액에 상당하는 부동산 등의 납세담보가 제공되며, 신고기한 내에 신청서를 제출해야 합니다.

세무서장은 법령에서 정한 기간 내에 허가 여부를 결정하게 되며, 만약 정해진 기간까지 허가 여부를 통지하지 않으면 허가한 것으로 봅니다. 증여세의 연부연납 기간은 일반적으로 5년 이내에서 납세자가 신청한 기간까지로 정할 수 있습니다. 예를 들어 3년 연부연납으로 허가받은 경우에는 납부할 세액의 4분의 1은 증여세 신고기한까지 납부하고, 나머지 4분의 3은 매년 3개년에 걸쳐 4분의 1씩 나누어 납부하게 됩니다.

연부연납은 세금을 한 번에 납부하기 어려운 납세자에게 납부 편의를 제공하는 대신, 매년 납부할 세액에 이자 성격의 가산금이 합산되어 부과됩니다. 2025년 현재 연부연납 가산금은 연 3.5%의 이율이 적용되고 있습니다. 만약 연부연납 허가를 받은 후 정해진 기한 내에 납부하지 않거나 제공한 납세담보에 문제가 생길 경우에는 연부연납의 허가가 취소될 수 있습니다. 이 경우에는 남은 세액 전액을 한 번에 납부해야 하므로 유의해야 합니다.

물납을 신청하는 경우에는 세무서에서 반드시 현장 확인을 실시합니다. 이는 물납으로 제공되는 재산이 관리나 처분에 적합한지를 확인하기 위한 절차입니다. 현장확인을 통해 부적절한 재산이 물납되는 것을

방지하고 있습니다.

물납은 납부세액이 2천만 원을 초과하고, 현금으로 납부하기 곤란한 경우에 한해 허용됩니다. 세무서장이 물납신청을 받으면 관할 지방국세청에 지휘를 요청하고, 지방청의 검토를 거쳐 최종적으로 물납 허가 여부가 결정됩니다. 물납에 관한 세부적인 절차는 국세징수사무처리규정에 따라 처리됩니다.

연부연납이 허가되면 납세자는 허가통지서에 기재된 납부기한과 금액에 따라 분할 납부를 해야 합니다. 이때 연부연납 가산금도 함께 납부해야 하며, 납부 기한을 지키지 않으면 연체이자가 추가로 부과될 수 있습니다.

한편, 증여세의 분납은 납부세액이 일정 금액을 초과할 경우에 이용할 수 있는 제도입니다. 분납은 별도의 세무서 허가나 신청서 제출이 필요 없으며, 증여세 신고서의 분납란에 기재하면 분납신청을 한 것으로 봅니다. 납부할 세액이 1천만 원을 초과하는 경우에만 분납이 가능하며, 만약 납부할 세액이 2천만 원 이하일 경우에는 1천만 원을 초과하는 금액을 분납할 수 있고, 납부기한이 지난 후 2개월 이내에 납부해야 합니다. 또한 납부할 세액이 2천만 원을 초과하는 경우에는 납부세액의 50% 이상을 신고기한 내에 납부하고, 나머지 50% 이하의 금액을 신고기한이 지난 후 2개월 이내에 분납할 수 있습니다. 다만, 이미 연부연납의 허가를 받은 경우에는 분납이 허용되지 않습니다. 즉, 연부연납과 분납은 중복하여 이용할 수 없습니다.

증여세 납부가 어려운 경우에는 이처럼 연부연납, 물납, 분납 제도를 적절히 활용하여 납세의무를 이행할 수 있습니다. 다만, 각 제도는 신청 요건과 절차가 엄격하게 정해져 있으므로, 신고기한 내에 요건을 충족하여 신청하는 것이 매우 중요합니다.

증여세를 신고했는데 세무서에서 현장확인을 나온다고 합니다. 무엇을 확인하러 오는 건가요?

증여세 현장확인은 세무조사와는 다른 간단한 사실확인 절차입니다. 세무서에서 증여세 신고내용을 검토하다가 서류만으로는 확인이 어려운 부분이 있을 때 실시합니다. 예를 들어 부동산을 증여받았다면 실제 그 부동산의 현황이나 사용 실태를 확인하러 나올 수 있습니다.

현장확인이 나오는 주요한 경우는 두 가지입니다. 첫째, 증여세 감면을 받았는데 그 감면 조건을 제대로 지키고 있는지 확인이 필요한 경우입니다. 둘째, 납세자가 제출한 해명자료에 대해 직접 확인이 필요하거나, 세무서의 해명요구에 응하지 않아서 현장확인이 필요한 경우입니다.

현장확인을 나온 직원은 반드시 '현장확인 출장증'을 제시해야 합니다. 이 출장증에는 출장자 정보, 출장목적, 출장기간, 현장확인 범위가 명확히 기재되어 있습니다. 출장증 하단에는 "현장확인은 세무조사가 아니다."라는 문구가 명시되어 있으니 안심하셔도 됩니다.

현장확인 기간은 보통 5일 이내로 제한되며 토요일과 공휴일은 제외하고 계산합니다. 세무서 직원은 정해진 확인범위를 벗어난 과도한 자료 제출을 요구할 수 없습니다. 만약 직원이 출장 목적을 벗어난 질문이나 자료 요구를 한다면, 납세자보호담당관에게 권리보호를 요청할 수 있습니다.

현장확인은 납세지를 관할하는 세무서에서 실시하는 것이 원칙입니다. 하지만 증여받은 부동산이 다른 지역에 있어서 하루에 처리하기 어려운 경우에는, 물건 소재지 관할 세무서에서 대신 확인을 나갈 수도 있습니다. 이 경우에도 20일 이내에 현장확인을 완료하고 그 결과를 통보해야 합니다.

현장확인 결과는 세 가지로 나뉩니다. 첫째, 문제가 없으면 '무혐의 통지'를 받게 됩니다. 둘째, 추가로 낼 세금이 발생하면 '과세예고 통지서'를 받게 되고, 이에 대해 소명할 기회가 주어집니다. 셋째, 현장확인만으로 부족하여 정식 세무조사가 필요한 경우에는 '조사전환 통지'를 받게 됩니다.

현장확인을 받을 때는 당황하지 마시고 성실하게 응대하시면 됩니다. 확인범위 내에서 사실대로 답변하시고, 필요한 서류가 있다면 제시하시면 됩니다. 만약 직원의 행위가 부당하다고 생각되면 세무대리인의 조력을 받거나 납세자보호담당관에게 도움을 요청할 수 있습니다.

【상속세 및 증여세 사무처리규정 별지 제20호 서식】 (2019. 2. 1. 개정)

현장확인 출장증

관리번호		
출장자	소속	
	직급	
	성명	
현장확인 대상	상호(법인명)	
	사업장소재지	
	성명(대표자)	
출장목적		
출장기간		
현장확인범위		

위 세무공무원은 출장증에 기재된 출장목적 및 현장확인 범위에서 사실관계 확인을 위해 출장하였음을 증명합니다.

현장확인은 세무조사가 아니므로 출장자가 출장목적 및 현장확인 범위를 벗어나 과도한 질문 또는 자료요구 등을 하는 경우 납세자보호담당관에게 권리보호를 요청할 수 있습니다.

년 월 일

기 관 장 (인)

210㎜×297㎜(신문용지 54g/㎡)

【상속세 및 증여세 사무처리규정 별지 제23호 서식】 (2024. 5. 20. 개정)

과세자료(현장확인) 처리결과 통보서

(특수관계법인과의 거래를 통한 이익의 증여의제 관련)

지배주주외	성 명		주민등록번호		지배주주와의 관계		
	주 소				관할		전화번호
지배주주	성 명		주민등록번호				
	주 소				관할		전화번호
수혜법인	법인명		사업자번호				
	소재지				관할		전화번호

과세자료(현장확인) 처리결과 통보내역

(단위 : %, 원)

구 분	현장확인 전	현장확인 후	증 감
1. 수증자 지분율 (한계보유비율 차감 전)			
1-1 직접보유비율			
1-2 간접보유비율			
2. 세후영업이익			
3. 주주별 특수관계법인거래비율 (정상거래비율 차감 전)			
4. 증여세과세가액 (배당소득에 따른 공제액 차감 후)			
5. 산출세액			

상속세 및 증여세 사무처리규정 제13조 제7항에 따라 과세자료(현장확인) 처리결과를 통보하니 수보(受報)받은 세무서에서 수보(受報)받은 즉시 결정(경정)하시기 바랍니다.

년 월 일

세무서장 귀하

※ 첨부서류 : 1. 처리결과 통보내역 관련 참고자료

190㎜×268㎜(인쇄용지 2급 60g/㎡)

비상장회사 주식을 증여받았는데 최대주주라서 할증된다고 하네요?

비상장주식을 평가할 때는 일반적인 평가액에 최대주주 할증률을 적용하는 경우가 있습니다. 이는 경영권의 프리미엄을 반영한 것으로, 실제 거래에서도 지배권을 가진 주식은 더 비싸게 거래되는 현실을 반영한 제도입니다.

최대주주와 그 특수관계인이 보유한 주식을 평가할 때 평가액의 20%를 가산합니다. 다만, 중소기업 및 매출액 5,000억 원 미만 중견기업의 경우에는 할증평가가 적용되지 않습니다.

여기서 주의할 점은 증여 후의 지분율을 기준으로 한다는 것입니다. 증여 전에는 최대주주가 아니었더라도 증여로 인해 최대주주가 되면 할증이 적용됩니다. 반대로 증여로 인해 지분율이 낮아지면 할증률도 낮아집니다.

특수관계인의 범위도 중요합니다. 배우자, 직계존비속, 형제자매 등 친족과 경제적 연관관계에 있는 자가 포함됩니다. 이들이 보유한 주식을 모두 합산하여 최대주주 여부와 할증률을 판단합니다.

세무조사에서는 특수관계인 범위와 지분율 계산이 쟁점이 됩니다. 명의신탁 주식이 있거나 실질적인 지배관계가 있는 경우 이를 합산하여 재계산할 수 있습니다. 따라서 정확한 주주 현황 파악이 필요합니다.

중소기업 여부 판단도 세무조사의 주요 검토사항입니다. 중소기업에 해당하면 할증이 적용되지 않으므로 중소기업 요건을 충족하는지 확인해야 합니다. 업종, 자산규모, 매출액 등을 종합적으로 검토합니다.

부채도 함께 인수하면서 재산을 증여받으면 어떻게 되나요?

재산을 증여받으면서 그 재산에 딸린 채무를 함께 인수하는 경우를 부담부 증여라고 합니다. 이 경우 증여재산가액에서 인수한 채무를 빼고 증여세를 계산합니다. 예를 들어 시가 10억 원인 부동산을 받으면서 5억 원의 담보 대출을 인수했다면, 5억 원에 대해서만 증여세를 냅니다.

다만 모든 채무가 공제되는 것은 아닙니다. 증여재산에 담보된 채무이거나 그 재산과 관련된 채무여야 합니다. 또한 실제로 채무를 변제해야 하며, 형식적으로만 인수하고 실제로는 증여자가 갚는 경우에는 인정되지 않습니다.

세무조사에서는 채무의 실질을 중점적으로 확인합니다. 채무인수 후 실제로 수증자가 변제했는지, 변제자금의 출처는 무엇인지를 조사합니다. 만약 증여자가 대신 갚아주거나 변제자금을 별도로 증여한 경우 추가 증여로 봅니다.

금융기관 대출이 아닌 개인간 채무는 더욱 엄격히 심사합니다. 실제 금전거래가 있었는지, 이자를 지급했는지, 변제기가 도래했는지 등을 확인합니다. 가족간 채무는 특히 실질이 없는 경우가 많아 주의가 필요합니다.

부담부증여의 경우 양도소득세 문제도 발생합니다. 채무 상당액은 양도로 보아 증여자에게 양도소득세가 과세됩니다. 따라서 증여자는 양도소득세를, 수증자는 증여세를 각각 부담하게 됩니다.

채무 금액이 재산가액의 일정 비율을 초과하면 부담부증여가 아닌 매매로 볼 수 있습니다. 이 경우 증여세가 아닌 다른 세금이 적용될 수 있으므로, 채무 비율을 적절히 조정하는 것이 중요합니다.

과세당국은 부담부증여 신고 시 채무 관련 증빙서류를 요구합니다. 금융기관 대출의 경우 대출약정서와 상환내역을, 개인 채무의 경우 금전소비대차계약서와 이체내역 등을 준비해야 합니다.

10년 안에 또 증여받으면 세금이 더 많아진다고 들었는데 정말인가요?

맞습니다. 같은 사람으로부터 10년 이내에 다시 증여받으면 이전에 증여받은 금액과 합산하여 증여세를 계산합니다. 이를 '10년간 재차증여 합산과세'라고 하며, 증여세 누진세율 구조상 세금이 많이 늘어날 수 있습니다.

예를 들어 5년 전에 2억 원을 증여받고, 올해 다시 3억 원을 증여받았다면 5억 원을 기준으로 세율을 적용합니다. 증여세율은 1억 원 이하 10%에서 시작하여 30억 원 초과 시 50%까지 올라가는 누진구조이므로, 합산하면 높은 세율이 적용됩니다.

다만 이미 납부한 증여세는 공제됩니다. 위 예에서 5년 전 2억 원에 대해 납부한 증여세가 2천만 원이었다면, 이번에 계산된 전체 세액에서 2천만 원을 빼고 납부하면 됩니다. 따라서 이중과세는 되지 않습니다.

10년의 기산점은 직전 증여일입니다. 2015년 1월 1일에 증여받았다면 2025년 1월 1일부터는 새로운 10년이 시작됩니다. 따라서 증여 시기를 조절하여 세금을 절약할 수 있습니다.

손자나 증손자 등에게 증여하는 세대생략 증여의 경우 더 주의해야 합니다. 세대생략 증여는 할증과세되어 산출세액의 30%(미성년자는 40%)를 추가로 내야 합니다. 이것도 10년간 누적되므로 세금 부담이 매우 커질 수 있습니다.

세무조사에서는 과거 증여 이력을 면밀히 확인합니다. 신고하지 않은 과거 증여가 발견되면 그것까지 합산하여 재계산하므로, 모든 증여를 성실히 신고하는 것이 중요합니다. 특히 현금 증여는 누락되기 쉬우므로 주의해야 합니다.

□ 증여세 과세표준과 세율

과세표준	세율	누진공제
1억 원 이하	10%	-
1억 원 초과 5억 원 이하	20%	1천만 원
5억 원 초과 10억 원 이하	30%	6천만 원
10억 원 초과 30억 원 이하	40%	1억6천만 원
30억 원 초과	50%	4억6천 만원

부의 이전에 대한
세무조사 가이드북

제4편

양도소득세 세무조사

제4편
양도소득세 세무조사

양도소득세 세무조사는 어떤 기준으로 대상자가 선정되나요?

양도소득세 세무조사는 정기조사가 아닌 비정기조사 방법으로 대상자를 선정합니다. 다른 세목과 달리 재산제세의 특성상 정기적으로 신고 성실도를 분석하는 정기선정은 하지 않습니다.

조사대상자 선정은 크게 두 가지 방법으로 이루어집니다.

첫째, 양도자산별 또는 탈루유형별로 여러 납세자를 동시에 분석한 후 상대적으로 불성실한 납세자를 선정하는 방법입니다. 이는 주로 국세청 본청이나 지방국세청 단위에서 광역화된 분석을 통해 이루어집니다.

둘째, 개별납세자의 구체적인 탈루혐의가 있는 경우 조사대상자로 선정됩니다. 지방국세청 양도실지조사 분석전담팀과 세무서 재산조사팀에서 이를 수행합니다.

엔티스(NTIS) 시스템을 활용하여 신고서 단위 검증사유 해당 여부, 성실도 점수, 미결자료 생성 여부 등을 종합적으로 검토합니다. 이러한 분석자료를 바탕으로 공평과세와 세법질서 확립을 위해 조사대상자를 선정하게 됩니다.

다만 재외국민 인감경유자 등 긴급조사가 필요한 경우나 불복청구 결정에 따른 재조사의 경우에는 별도의 승인 없이 세무서장이 직접 선정할 수 있습니다. 중복조사를 방지하기 위해 납세자의 세무조사 이력과 진행상황을 반드시 확인하는 절차를 거칩니다.

최근 5년간 양도소득세 조사건수 및 부과세액은 다음과 같습니다.

구분	2019	2020	2021	2022	2023
조사건수(건)	4,100	3,790	3,808	3,916	3,489
부과세액 (백만 원)	350,902	224,674	255,705	242,011	258,448

양도소득세 세무조사 기간은 얼마나 걸리나요?

양도소득세 세무조사 기간은 납세자의 규모와 탈루혐의 정도에 따라 다릅니다. 법령상 조사에 필요한 최소한의 기간으로 정하도록 되어 있으며, 특히 중소규모 납세자는 20일 이내로 제한됩니다.

중소규모 납세자란 조사대상 과세기간 중 양도가액이 가장 큰 과세기간의 양도가액이 100억 원 미만인 경우를 말합니다. 대부분의 개인 납세자가 여기에 해당하므로 일반적으로 양도소득세 조사는 20일 이내에 끝난다고 볼 수 있습니다.

다만 조사기간 연장이 필요한 경우도 있습니다. 납세자가 장부나 서류 제출을 지연하거나, 추가적인 탈루혐의가 발견된 경우에는 연장이 가능합니다. 이 경우에도 중소규모 납세자는 원칙적으로 20일 범위 내에서만 연장할 수 있습니다.

조사기간 제한을 받지 않는 예외적인 경우도 있습니다. 무자료거래나 위장·가공거래 혐의가 있는 경우, 차명계좌나 이중장부를 사용한 경우, 거짓계약서 작성이나 미등기양도를 이용한 부동산 투기의 경우, 상속세·증여세 조사나 관련자 동시조사를 하는 경우입니다.

양도소득세 조사는 일반조사와 간편조사로 구분됩니다. 간편조사는 소규모 납세자의 불편을 최소화하기 위해 짧은 기간 동안 상담 위주로 진행하는 조사입니다. 간편조사는 보통 3-5일 정도면 끝나는 경우가 많습니다.

조사기간이 연장되는 경우 세무서는 반드시 납세자에게 연장 사유와 연장 기간을 문서로 통지해야 합니다. 납세자는 조사기간이 부당하게 연장된다고 판단되면 납세자보호담당관에게 이의를 제기할 수 있습니다.

양도소득세 조사는 어느 지방청 또는 세무서에서 담당하나요?

양도소득세 조사는 원칙적으로 납세지를 관할하는 세무서장 또는 지방국세청장이 실시합니다. 거주자는 주소지, 비거주자는 국내사업장 소재지나 양도물건 소재지가 납세지가 됩니다.

다만 부동산투기 등과 관련한 기획조사의 경우에는 예외적으로 양도물건 소재지 관할 세무서장이나 지방국세청장이 조사할 수 있습니다. 이는 특정 지역의 부동산 거래를 집중적으로 조사하기 위한 것입니다.

조사관할은 업무량과 조사인력을 고려하여 조정될 수 있습니다. 양도가액이나 세금누락 혐의 규모가 큰 경우 세무서장은 지방국세청장에게 관할 조정을 요청할 수 있으며, 지방국세청장은 세무서장에게 조사를 위임할 수도 있습니다.

세무조사를 시작한 후 납세자의 주소지가 변경되더라도 원래 조사를 시작한 세무서에서 계속 담당합니다. 조세 불복청구 결정에 따른 재조사도 마찬가지로 원래 조사관서에서 관할합니다.

국세청 조직별로는 서울청 조사3국, 중부청 · 인천청 · 부산청 조사2국, 기타 지방청 조사국에서 재산제세 조사를 담당합니다. 일선 세무서에서는 재산세과 조사팀이 양도소득세 조사업무를 수행합니다(구체적인 내용은 제2편 상속세 세무조사 부분을 참고해 주시기 바랍니다).

종중이나 법인격 없는 단체의 경우에는 대표자나 관리인의 주소지를 납세지로 하며, 주민등록이 직권말소된 경우에는 말소 당시의 주소지를 납세지로 합니다.

부동산 실명법 위반이 발견되면 어떤 처벌을 받나요?

양도소득세 조사 과정에서 부동산 실명법 위반이 발견되면 세금 추징과는 별도로 과징금이 부과됩니다. 세무서는 위반 사실을 확인하면 즉시 해당 지방자치단체에 통보하고, 지방자치단체에서 과징금을 징수합니다.

과징금은 부동산 평가액(기준시가)과 의무위반 경과기간을 기준으로 각각의 부과율을 합산하여 부과됩니다. 부동산 평가액 기준으로는 5억 원 이하 5%, 5억 원 초과 30억 원 이하 10%, 30억 원 초과 15%이고, 의무위반 경과기간 기준으로는 1년 이하 5%, 1년 초과 2년 이하 10%, 2년 초과 15%입니다. 두 부과율을 합산한 비율(최대 30%)에 과징금 부과일 현재의 기준시가를 곱하여 산정합니다. 다만, 조세포탈이나 법령회피 목적이 아닌 경우 50%까지 감경될 수 있습니다.

차명거래가 조세포탈이나 법령회피 목적이 아닌 경우에는 과징금이 50%까지 감경될 수 있습니다. 반면, 조세포탈 목적이 인정되면 감경 없이 기본 과징금율이 그대로 적용되어 경제적 부담이 커집니다.

허위 실거래가 신고도 별도의 제재 대상입니다. 부동산 거래신고 의무를 위반하여 거짓으로 신고한 경우 취득가액의 10% 이하에 해당하는 과태료가 부과됩니다. 또한 거래내역이 국세청 및 지사제 세무부서에 통보되어 취득세·양도소득세 추징 및 가산세 등 추가적인 불이익을 받을 수 있습니다.

미등기 전매의 경우 양도소득세 70% 중과세가 적용되며, 비과세·감면 혜택 및 장기보유특별공제도 배제됩니다. 또한 60일 내 미등기 시 과태료, 3년 이상 미등기 시 부동산 실명법상 과징금이 부과됩니다. 미등기 전매는 목적 불문하고 형사처벌 대상이며(부동산등기 특별조치법상 3년 이하 징역 또는 1억 원 이하 벌금), 양도소득세를 포탈한 경우 조세범 처벌법 위반으로 별도 처벌됩니다.

이러한 위반 사항은 세무조사 과정에서 철저히 확인됩니다. 조사공무원은 등기부등본, 금융거래내역, 실제 거주 여부 등을 종합적으로 검토하여 실권리자를 파악합니다. 따라서 부동산 거래 시에는 반드시 실명으로 거래하고 정확한 가격을 신고해야 합니다.

□ 부동산 실명법 위반 과징금 부과율

부동산평가액	과징금 부과율
5억 원 이하	5%
5억 원 초과 30억 원 이하	10%
30억 원 초과	15%

의무위반 경과기간	과징금 부과율
1년 이하	5%
1년 초과 2년 이하	10%
2년 초과	15%

※ 부동산평가액에 의한 부과율과 의무위반 경과 기간에 의한 부과율을 합산한 과징금 부과율에 그 부동산평가액을 곱하여 산정함.

※ 조세포탈 목적의 차명거래가 아니면 감경 가능

※ 과징금은 과징금 부과일 현재의 기준시가(소득세법 제99조)를 기준으로 평가합니다. 다만, 과징금 부과 전에 명의신탁관계가 종료되었거나 실명등기를 한 경우에는 그 종료시점 또는 실명등기시점의 기준시가를 적용합니다.

거주자와 비거주자의 양도소득세 조사 납세지는 어떻게 다른가요?

거주자와 비거주자는 양도소득세 납세지 규정이 서로 다르게 적용됩니다. 이에 따라 조사를 받는 세무서도 달라지므로 본인의 거주자 여부를 정확히 파악해야 합니다.

거주자의 납세지는 주소지를 원칙으로 합니다. 주민등록상 주소가 있으면 그곳이 납세지가 되고, 주소지가 없는 경우에만 거소지가 납세지가 됩니다.

비거주자의 납세지는 국내사업장 유무에 따라 결정됩니다. 국내사업장이 있으면 그 소재지가 납세지가 되고, 국내사업장이 둘 이상이면 주된 국내사업장 소재지가 납세지입니다.

국내사업장이 없는 비거주자의 경우에는 양도물건 소재지가 납세지가 됩니다. 예를 들어 해외 거주자가 국내 부동산을 양도한 경우 그 부동산 소재지 관할 세무서에서 조사를 받게 됩니다.

종중이나 법인격 없는 단체의 경우에는 대표자나 관리인의 주소지가 납세지가 됩니다. 다만 업무를 주관하는 장소를 납세지로 지정받은 경우에는 그 지정받은 곳이 납세지가 됩니다.

양도소득세 일반조사와 간편조사는 어떻게 다른가요?

양도소득세 조사는 일반조사와 간편조사로 구분됩니다. 간편조사는 소규모 납세자의 부담을 줄이기 위해 도입된 제도로, 상담 위주의 조사가 이루어집니다.

간편조사는 짧은 기간 동안 최소한의 범위에서 실시되는 조사입니다. 주로 상대적으로 성실하게 신고한 것으로 인정되는 중소기업 등을 대상으로 하며, 컨설팅 위주의 조사가 특징입니다.

일반조사는 간편조사 외의 모든 양도소득세 조사를 말합니다. 일반적인 세무조사 절차에 따라 진행되며, 필요시 금융조사나 관련인 조사도 함께 실시됩니다.

간편조사 대상자라도 조사 과정에서 정당한 사유 없이 자료제출을 거부하거나 탈루 혐의가 발견되면 일반조사로 전환됩니다. 조사의 난이도가 높아 간편조사가 적절하지 않다고 판단되는 경우에도 마찬가지입니다.

간편조사는 조사기간이 일반조사의 50~80% 수준으로 설정되며, 연장은 원칙적으로 금지됩니다. 다만 조사 중 추가적인 사실확인이 필요한 경우에는 일반조사로 전환하여 진행합니다.

양도가액에 따라 조사방식이 달라지나요?

양도가액 100억 원을 기준으로 중소규모 납세자와 대규모 납세자로 구분되며, 조사방식이 크게 달라집니다. 이는 납세자의 규모에 맞는 적정한 조사를 위한 구분입니다.

양도가액 100억 원 미만의 중소규모 납세자는 조사기간이 20일 이내로 제한됩니다. 이는 소규모 납세자의 부담을 줄이고 조사의 효율성을 높이기 위한 조치입니다.

조사기간 연장도 중소규모 납세자와 대규모 납세자에게 서로 다른 절차가 적용됩니다. 중소규모 납세자는 최초 연장 시 납세자보호담당관의 승인만 받으면 되지만, 대규모 납세자는 납세자보호위원회의 승인을 받아야 합니다.

조사범위 확대 시에도 승인 절차가 다릅니다. 중소규모 납세자는 납세자보호담당관의 승인으로 충분하지만, 대규모 납세자는 납세자보호위원회의 심의를 거쳐야 합니다.

다만 무자료거래, 위장거래, 거짓계약서 작성, 미등기양도 등의 혐의가 있는 경우에는 중소규모 납세자라도 조사기간 제한을 받지 않습니다. 탈세 유형이 복잡하고 중대한 경우에는 충분한 조사가 필요하기 때문입니다.

양도소득세 조사 시 관련인도 함께 조사받을 수 있나요?

양도소득세 조사 시 조사의 효율성과 납세자 편의를 위해 관련인에 대한 동시조사가 실시될 수 있습니다. 이는 거래의 실체를 정확하게 파악하기 위한 조치입니다.

관련인 동시조사는 주로 거래상대방과 특수관계인을 대상으로 합니다. 예를 들어 부동산을 매수한 상대방이나 가족간 거래에서 증여세 누락 혐의가 있는 경우 함께 조사를 받을 수 있습니다.

관련인 동시조사를 실시하려면 반드시 승인을 받아야 합니다. 관련인의 납세지가 같은 지방국세청 관할이면 지방국세청장의 승인을, 다른 지방국세청 관할이면 국세청장의 승인을 받아야 합니다.

동시조사는 조사대상 납세자와 관련인이 모두 조사대상자로 선정되었거나 조세 누락 혐의가 있는 경우에 실시됩니다. 단순히 거래 관계에 있다는 이유만으로는 동시조사가 이루어지지 않습니다.

관련인 동시조사는 납세자의 편의도 고려됩니다. 같은 거래에 대해 각각 따로 조사를 받는 것보다 동시에 조사를 받는 것이 납세자에게 더 유리할 수 있기 때문입니다.

부의 이전에 대한
세무조사 가이드북

제5편

자금출처조사

제5편

자금출처조사

자금출처조사는 어떤 경우에 받게 되나요?

자금출처조사는 재산을 취득하거나 채무를 상환한 자금의 출처가 불분명할 때 받게 됩니다. 국세청은 납세자의 직업, 나이, 소득 및 재산 상태 등을 종합적으로 검토하여 자력으로 재산을 취득했다고 보기 어려운 경우 조사 대상자로 선정합니다.

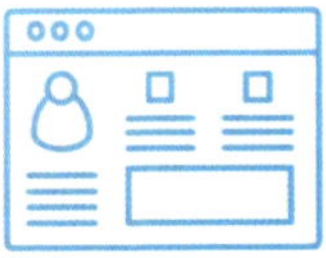

부동산이나 주식 같은 고액 재산을 취득했는데 신고된 소득으로는 그 자금을 마련하기 어려워 보이는 경우가 대표적입니다. 예를 들어 연간 소득이 5천만 원인 직장인이 10억 원짜리 아파트를 현금으로 구입했다면 자금출처조사 대상이 될 수 있습니다.

최근에는 차명재산이나 기업자금 유용 등 변칙거래에 대한 감시도 강화되고 있습니다. 특히 대재산가의 일가족 전체를 통합 분석하여 조사하는 추세입니다.

구체적인 탈세 제보가 있거나 무자료 거래, 위장·가공 거래 등의 혐의가 있는 경우에도 조사 대상이 됩니다. 세무공무원에게 금품을 제공하거나 알선한 경우도 즉시 조사 대상이 되니 주의해야 합니다.

자금출처조사는 단순히 재산 취득자금만 확인하는 것이 아니라 포괄적인 재산 변동상황을 종합적으로 검토하는 통합조사입니다. 조사 과정에서 소득세, 양도소득세, 증여세 등 모든 세금의 누락 여부를 확인하게 됩니다.

□ 자금출처조사 선정 기준

구분	주요 내용
정기 선정	재산 취득 규모가 연령·직업·소득 대비 과다
수시 선정	탈세 제보, 무자료 거래, 위장·가공 거래 혐의
통합 조사	본인 및 일가족 전체 재산변동 분석
사업체 확대	개인사업 또는 법인자금 유용 혐의시

자금출처조사 과정에서 재산취득자금 전부를 입증하여야 하나요?

재산을 취득하거나 채무를 상환할 때, 세무서에서는 그 자금의 출처가 불분명한 경우 자금출처조사를 실시할 수 있습니다. 이는 재산을 취득한 자가 실제로 자신의 소득이나 재산으로 해당 재산을 마련한 것인지, 아니면 부모나 배우자 등 타인으로부터 증여받은 자금으로 취득한 것인지를 확인하기 위한 절차입니다.

하지만 자금출처조사에서 재산취득자금 전부를 입증해야 하는 것은 아닙니다. 모든 금액에 대한 출처를 완벽히 증명하지 못하더라도 일정 범위 내의 미입증 금액에 대해서는 증여로 보지 않습니다. 상속세 및 증여세법에서는 재산취득자금 중 신고된 소득금액, 이미 증여세로 신고한 금액, 부동산이나 주식 등의 처분대금 등으로 명확히 입증되지 않는 금액이 전체 취득자금의 20%, 또는 2억 원 중 적은 금액에 미달하는 경우에는 증여로 추정하지 않도록 규정하고 있습니다. 즉, 납세자가 재산을 취득하면서 일부 자금의 출처를 명확히 입증하지 못하더라도, 그 미입증 금액이 위 기준을 넘지 않으면 증여세가 부과되지 않습니다.

그러나 중요한 점은, 입증되지 않은 금액이 이 기준을 초과하는 경우에는 초과한 금액만 과세되는 것이 아니라, 입증되지 않은 금액 전체가 증여로 추정되어 증여세 과세대상이 된다는 것입니다. 예를 들어, 10억 원 상당의 아파트를 구입하면서 급여저축과 부동산 처분대금 등으로 7억 원을 입증하고, 나머지 3억 원의 출처를 명확히 설명하지 못했다고 가정해 보겠습니다. 이 경우 전체 취득금액의 20%는 2억 원으로 계산되므로, 미입증 금액 3억 원이 기준금액 2억 원을 초과하게 됩니다. 따라서 이때는 입증되지 않은 3억 원 전액이 증여로 추정되어 증여세가 부과됩니다. 반대로, 미입증 금액이 전체 취득금액의 20% 이하이거나 2억 원 이하라면, 그 부분은 증여로 보지 않아 과세하지 않습니다.

즉, 자금출처조사에서는 납세자가 모든 자금의 출처를 100% 입증할 필요는 없지만, 입증되지 않은 금액이 위 기준을 초과하지 않도록 관리하는 것이 매우 중요합니다. 만약 기준을 초과하게 되면, 그 초과분만이 아니라 입증되지 않은 금액 전체가 증여로 추정되기 때문입니다. 따라서 재산을 취득할 때에는 자금의 형성과 사용 내역을 명확히 기록하고, 급여명세서, 통장 거래내역, 부동산 매매계약서, 차용증 및 상환내역 등 객관적으로 자금의 흐름을 확인할 수 있는 증빙을 미리 준비해 두는 것이 필요합니다. 이러한 증빙이 충분히 갖춰져 있다면 자금출처조사 과정에서도 자신의 자금으로 재산을 취득했음을 명확히 소명할 수 있으며, 불필요한 증여세 부담을 예방할 수 있습니다.

또한 연령 등을 고려하여 아래와 같은 경우도 증여추정을 배제하고 있습니다.

	취득재산		채무상환	총액한도
	주택	기타재산		
30세 미만	5천만 원	5천만 원	5천만 원	1억 원
30세 이상	1.5억 원	5천만 원	5천만 원	2억 원
40세 이상	3억 원	1억 원	5천만 원	4억 원

위 경우에 해당하더라도, 명확하게 증여사실이 확인되는 경우에는 증여세가 과세됩니다.

자금출처로 인정되는 경우는 어떤 사례들이 있나요?

세무서에서 자금출처 소명을 요구받았다는 것은 납세자가 취득한 재산의 규모가 연령, 직업, 소득 수준 등에 비추어 자력으로 취득했다고 보기 어렵다고 판단했기 때문입니다. 이런 경우 재산 취득자금의 출처를 명확히 입증해야 증여세 추정 과세를 피할 수 있습니다.

자금출처로 인정받을 수 있는 항목은 법령에 구체적으로 규정되어 있습니다. 먼저 과거에 신고했거나 과세받은 소득금액이 대표적입니다. 근로소득, 사업소득, 양도소득 등 세금을 납부한 소득에서 공과금을 차감한 금액이 자금출처로 인정됩니다. 농지경작소득처럼 비과세되는 소득도 객관적으로 확인되면 인정받을 수 있습니다.

본인 소유 재산을 처분한 대금도 중요한 자금출처입니다. 부동산이나 주식 등을 매도한 경우, 처분 사실이 증빙으로 확인되면 양도소득세 등 공과금을 뺀 금액이 인정됩니다. 처분금액이 불분명한 경우에는 상속세 및 증여세법상 평가방법에 따라 계산한 가액을 기준으로 합니다.

금융거래를 통한 자금조달도 입증이 가능합니다. 재산 취득일 이전에 금융기관 등에서 차용한 부채는 계약서, 입금증 등으로 확인되면 자금출처로 인정됩니다. 다만 배우자나 직계존비속 간의 금전대차는 원칙적으로 인정되지 않으니 주의해야 합니다. 전세금이나 임대보증금을 받은 경우도 계약서와 실제 수령 사실이 확인되면 자금출처가 됩니다.

상속이나 증여로 받은 재산도 자금출처가 될 수 있습니다. 이미 상속세나 증여세를 신고했거나 과세받은 재산의 가액은 당연히 인정됩니다. 특히 증여받은 재산으로 자금출처를 입증하는 경우에는 증여추정 배제 기준인 '20% 또는 2억 원 중 적은 금액' 규정이 적용되지 않으므로, 취득자금 전액에 대해 입증해야 한다는 점을 유념해야 합니다.

그 밖에 자금출처가 명백하게 확인되는 경우도 인정받을 수 있습니다. 예를 들어 보험금 수령, 퇴직금 수령, 각종 보상금 수령 등이 객관적 증빙으로 확인되면 자금출처로 인정됩니다. 중요한 것은 모든 자금출처를 객관적인 증빙자료로 입증해야 한다는 점입니다.

자금출처 소명 시에는 한 가지 더 알아두어야 할 사항이 있습니다. 재산 취득자금에서 입증하지 못한 금액이 취득재산 가액의 20%와 2억 원 중 적은 금액에 미달하는 경우에는 증여추정 규정이 적용되지 않습니다. 예를 들어 5억 원의 부동산을 취득했는데 4억1천만 원만 입증한 경우, 미입증 금액 9천만 원이 기준금액 1억 원(5억 원×20%)보다 적어 증여추정을 받지 않습니다.

□ 재산취득자금 미입증금액의 증여추정 여부 사례

취득재산 가액	입증 금액	미입증 금액	증여추정 기준금액 Min[취득재산×20%, 2억 원]	증여추정 여부	증여재산 가액
5억 원	4.1억 원	0.9억 원	1억 원	×	-
10억 원	6억 원	4억 원	2억 원	○	4억 원
15억 원	14억 원	1억 원	2억 원	×	-
20억 원	17억 원	3억 원	2억 원	○	3억 원

채무상환자금에 대해서도 증여세로 과세될 수 있나요?

채무를 상환했다는 이유만으로 증여세가 과세되는 것은 아닙니다. 세무서는 납세자의 직업, 연령, 소득, 재산상태 등을 종합적으로 검토하여 자력으로 채무를 상환했다고 보기 어려운 경우에만 그 상환자금을 다른 사람으로부터 증여받은 것으로 추정합니다. 이것이 상속세 및 증여세법 제45조에서 규정하는 '채무상환자금의 증여추정'입니다.

예를 들어 설명하면 이해가 쉬울 것입니다. 30대 직장인이 10억 원의 대출을 갑자기 전액 상환했는데, 연봉이 5천만 원이고 다른 재산도 없다면 어떻게 그 돈을 마련했는지 의문이 생깁니다. 이런 경우 세무서는 상환자금의 출처를 소명하도록 요구하며, 충분한 입증이 없으면 증여받은 것으로 추정하는 것입니다.

채무상환자금에 대한 증여추정도 재산취득자금과 마찬가지로 배제 기준이 있습니다. 상환자금의 출처를 입증하지 못한 금액이 채무상환금액의 20%와 2억 원 중 적은 금액에 미달하는 경우에는 증여추정을 하지 않습니다. 예를 들어 8억 원의 채무를 상환하면서 7억 원만 자금출처를 입증한 경우, 미입증금액 1억 원이 기준금액 1억 6천만 원(8억 원×20%)보다 적어 증여세가 과세되지 않습니다.

증여추정 시기는 실제로 채무를 상환한 때입니다. 단순히 대출계약을 변경하거나 차환하는 것이 아니라, 실질적으로 채무를 변제한 날이 기준이 됩니다. 일부 상환의 경우에도 동일한 기준이 적용되므로, 거액의 중도상환을 할 때는 자금출처를 미리 준비해두는 것이 좋습니다.

특히 주의해야 할 점은 부채의 사후관리 제도입니다. 자금출처조사나 상속세 신고 시 인정받은 채무는 세무서에서 전산으로 관리합니다. 상환기한이 지나면 실제로 상환했는지 확인하는 해명자료 제출 요구를 받을 수 있습니다. 만약 채무를 상환하지 않고 채권자가 면제해준 것으로 확인되면 증여세가 과세될 수 있습니다.

자금출처 입증 방법은 재산취득자금과 동일합니다. 과거 신고한 소득, 보유 재산의 처분대금, 상속이나 증여로 받은 재산, 새로운 대출금 등이 인정됩니다. 다만 배우자나 직계존비속 간의 금전대차는 원칙적으로 인정되지 않으니 주의가 필요합니다.

실무적으로는 대출 상환 전에 자금출처를 미리 점검해보는 것이 중요합니다. 특히 부모님이나 배우자가 대신 상환해주는 경우, 증여세 신고를 먼저 하고 상환하는 것이 나중에 문제가 되지 않습니다. 계획적인 채무상환과 충분한 증빙자료 준비가 불필요한 세무조사를 피하는 지혜입니다.

□ 채무상환자금 미입증금액의 증여추정 여부 사례

채무상환금액	입증금액	미입증금액	증여추정 기준금액 Min[취득재산×20%, 2억 원]	증여재산가액
8억 원	7억 원	1억 원	1.6억 원	증여추정 배제
9억 원	6.5억 원	2.5억 원	1.8억 원	2.5억 원
15억 원	13.5억 원	1.5억 원	2억 원	증여추정 배제
19억 원	16.5억 원	2.5억 원	2억 원	2.5억 원

자금출처 간편조사와 일반조사는 어떻게 다른가요?

자금출처 간편조사는 단기간 동안 필요 최소한의 범위 내에서 상담 위주로 실시하는 조사입니다. 조사 기간이 짧고 납세자에게 부담이 적다는 것이 가장 큰 장점입니다.

간편조사는 주로 해명자료 제출과 면담으로 진행됩니다. 납세자가 자금 출처를 충분히 소명하면 별다른 문제 없이 종결될 수 있습니다. 세무서에서는 간편조사 대상자에게 조사 통지서와 함께 간편조사 안내문을 함께 보냅니다.

반면 일반조사는 보다 심층적이고 포괄적으로 진행됩니다. 조사 기간도 길고 장부와 증빙서류를 세밀하게 검토합니다. 필요시 거래처 확인이나 금융거래 조회 등도 실시합니다.

간편조사 중에도 자료 제출에 비협조적이거나 추가 혐의가 발견되면 일반조사로 전환될 수 있습니다. 따라서 간편조사를 받게 되면 적극적으로 협조하여 조기에 종결시키는 것이 유리합니다.

조사 방식 선택은 재산 취득 규모, 소득 수준, 과거 신고 성실도 등을 종합적으로 고려하여 결정됩니다. 특별한 문제가 없다면 대부분 간편조사로 진행되니 너무 걱정하지 않으셔도 됩니다.

【안내문: 자금출처 간편조사】

(증여세) 간편조사에 대한 안내

안녕하십니까?

국세청에서는 세금문제와 관련된 국민들의 불편을 최소화하고 다양하고 편리한 납세서비스를 제공하기 위해 노력하고 있습니다.

우리서(청)에서 실시 예정인 귀하에 대한 세무조사는 이러한 노력의 일환으로 납세자의 불편을 최소화하기 위해 조사기간을 일반조사의 50~80% 수준으로 축소하여 실시됩니다.

귀하께서는 이번 '간편조사'가 납세자 부담과 불편을 최소화하고, 보다 나은 납세서비스를 제공하기 위해 실시된다는 점을 이해하시고 질문에 대한 충분한 소명과 요구자료의 성실한 제출 등 간편조사가원활하게 진행될 수 있도록 적극 협조해 주시기 바랍니다.

'간편조사'의 경우에도 국세기본법에 의한 조사연기 등 납세자의 권리는 일반 세무조사와 동일하게 보장되며, 조사진행 과정에서 자료제출 불이행 등으로 간편조사를 계속할 수 없거나, 탈루유형 및 탈루세액의 규모 등에 비추어 간편조사가 적당하지 않다고 판단되는 경우에는 일반조사로 전환될 수 있음을 알려드립니다.

년 월 일

○○ 세무서장

간편조사의 업무 흐름도

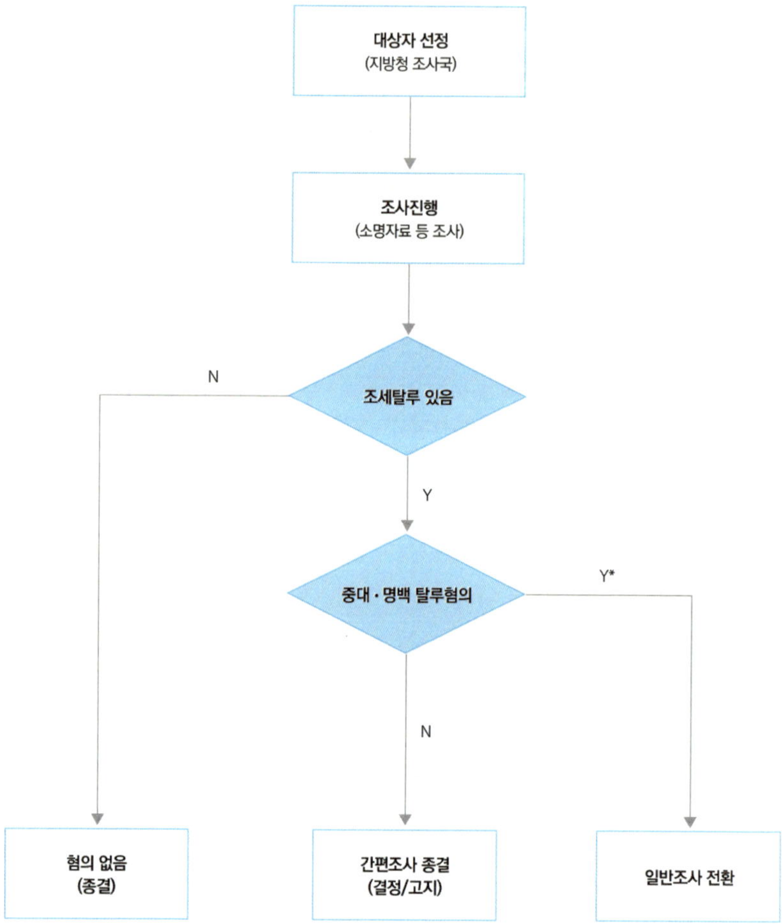

* 조사시 자료제출 비협조인 경우 일반조사로 전환될 수 있음.

간편조사의 선정업무 흐름도

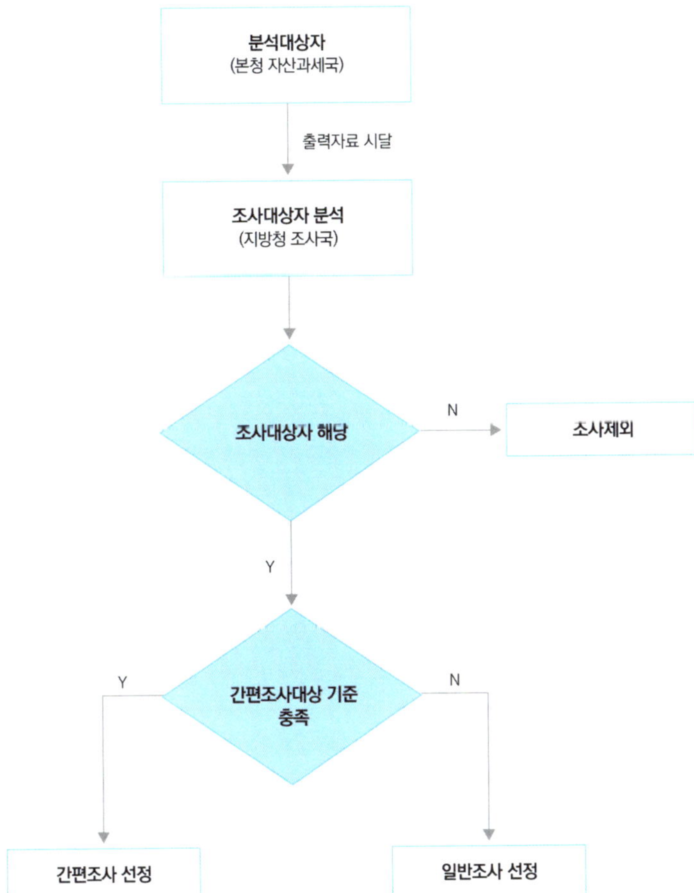

자금출처를 제대로 소명하지 못하면 어떻게 되나요?

재산 취득자금의 출처를 충분히 소명하지 못하면 그 자금을 증여받은 것으로 추정됩니다. 이를 '재산취득자금 증여추정'이라고 하며, 증여세가 부과될 수 있습니다.

예를 들어 5억 원짜리 아파트를 샀는데 3억 원의 자금 출처만 입증했다면, 나머지 2억 원은 누군가로부터 증여받은 것으로 간주됩니다. 이 경우 2억 원에 대한 증여세와 가산세를 납부해야 합니다.

증여추정을 받지 않으려면 급여소득, 사업소득, 재산 처분대금, 금융기관 대출금 등 모든 자금 출처를 명확히 입증해야 합니다. 통장 거래내역, 소득금액증명원, 부동산 매매계약서, 대출 증명서 등 객관적인 증빙자료가 필요합니다.

부모나 배우자로부터 받은 자금도 정당한 증여로 신고했다면 문제없습니다. 다만 과거에 증여세를 신고하지 않았다면 추가로 신고하고 세금을 납부해야 합니다.

특히 차명계좌나 차명재산을 이용한 경우 더 큰 문제가 될 수 있습니다. 단순한 세금 추징을 넘어 조세포탈범으로 형사 고발될 수 있으니 주의해야 합니다.

자금 출처 소명은 납세자 본인이 직접 해야 하는 의무입니다. 세무 대리인의 도움을 받더라도 최종적인 입증 책임은 납세자에게 있다는 점을 명심해야 합니다.

자금출처조사 통지를 받으면 어떤 자료를 준비해야 하나요?

자금출처조사 통지를 받으면 먼저 해명자료 제출 요구서를 자세히 확인해야 합니다. 요구서에는 조사 대상 재산과 기간, 제출해야 할 자료 목록이 구체적으로 명시되어 있습니다.

기본적으로 준비해야 할 자료는 소득 관련 증빙입니다. 근로소득원천징수영수증, 소득금액증명원, 사업소득 신고 자료 등을 연도별로 정리해두면 좋습니다. 퇴직금이나 상여금 같은 일시적 소득도 빠짐 없이 준비해야 합니다.

재산 처분 관련 자료도 중요합니다. 부동산이나 주식을 팔아서 마련한 자금이라면 매매계약서, 등기부등본, 양도소득세 신고서 등이 필요합니다. 상속이나 증여를 받은 재산이 있다면 상속세·증여세 신고 자료도 준비하세요.

금융거래 자료는 가장 핵심적인 증빙입니다. 해당 기간의 모든 은행 거래 내역서를 준비하고, 대출을 받았다면 대출약정서와 상환 내역도 함께 제출해야 합니다. 주식이나 펀드 거래 내역도 놓치지 마세요.

그 외에도 보험금 수령, 연금 수령, 해외 송금 내역 등 자금과 관련된 모든 자료를 준비하는 것이 좋습니다. 자료가 많을수록 자금 출처를 명확히 소명할 수 있습니다.

□ 자금출처조사시 준비 서류 체크리스트

구분	준비 서류
소득 증빙	근로소득원천징수영수증, 소득금액증명원
재산 처분	매매계약서, 등기부등본, 양도소득세 신고서
금융 거래	통장 거래내역서, 대출약정서, 주식거래내역
증여 · 상속	증여세 · 상속세 신고서, 증여계약서
기타	보험금 수령증, 퇴직금 명세서, 해외송금 내역

가족이나 친지로부터 빌린 돈도 자금출처로 인정받을 수 있나요?

가족이나 친지로부터 빌린 돈도 정당한 차입금임을 입증하면 자금출처로 인정받을 수 있습니다. 다만 실제로 돈을 빌린 것이어야 하고, 이를 객관적으로 증명해야 합니다.

먼저 금전소비대차계약서를 작성해야 합니다. 계약서에는 대출일자, 금액, 이자율, 상환 조건 등을 구체적으로 명시하고 인감도장을 날인하는 것이 좋습니다. 확정일자를 받으면 더욱 증명력이 높아집니다.

실제 자금 이동 내역도 중요합니다. 현금이 아닌 계좌이체로 주고받은 기록이 있어야 하며, 대출해준 사람이 그만한 자금 여력이 있었음을 증명해야 합니다. 대출자의 소득이나 재산 자료도 함께 제출하면 좋습니다.

이자를 약정했다면 실제로 이자를 지급한 내역도 필요합니다. 무이자로 빌렸다면 그 이유를 합리적으로 설명할 수 있어야 합니다. 가족간이라도 시중 금리보다 지나치게 낮은 이자는 문제가 될 수 있습니다.

상환 계획과 실제 상환 내역도 준비해두면 좋습니다. 조사 시점까지 일부라도 상환했다면 그 증빙을 제출하고, 향후 상환 계획을 구체적으로 설명할 수 있어야 합니다.

주의할 점은 형식적인 차입금 계약은 인정받지 못한다는 것입니다. 실제 거래가 없었거나 상환 능력과 의사가 없는 가장차입은 증여로 간주되어 세금을 추징당할 수 있습니다.

자금출처조사 기간은 얼마나 걸리고 연장될 수 있나요?

자금출처조사는 원칙적으로 60일 이내에 완료됩니다. 세무서에서 실시하는 조사는 40일이 기본이고, 지방국세청에서 하는 조사는 60일까지 가능합니다. 간편조사의 경우 이보다 훨씬 짧은 기간 내에 종결되는 경우가 많습니다.

하지만 조사가 복잡하거나 추가 확인이 필요한 경우 기간이 연장될 수 있습니다. 첫 번째 연장은 관할 세무서장이나 지방국세청장의 승인으로 20일까지 가능합니다. 두 번째 이후 연장은 상급 기관의 승인이 필요합니다.

재산 가액이 100억 원 미만인 경우 연장 기간은 20일을 초과할 수 없습니다. 다만 사실관계 확인에 많은 시일이 소요되는 특별한 사정이 있으면 추가 연장이 가능합니다.

납세자가 자료 제출을 지연하거나 해외 거래 확인이 필요한 경우에도 기간이 늘어날 수 있습니다. 따라서 요구받은 자료를 신속하게 제출하고 성실히 협조하는 것이 조사 기간을 단축하는 지름길입니다.

조사 기간이 연장될 때마다 납세자에게 서면으로 통지해야 합니다. 통지서에는 연장 사유와 기간이 명시되어 있으니 꼼꼼히 확인하시기 바랍니다.

조사가 길어질수록 납세자의 부담도 커지므로, 가능한 한 조기에 종결될 수 있도록 적극적으로 소명하는 것이 좋습니다. 필요하다면 세무 대리인의 도움을 받는 것도 고려해보세요.

자금출처조사 후 차명재산이 확인되면 어떤 불이익이 있나요?

차명재산이 확인되면 세금 추징은 물론 형사처벌까지 받을 수 있습니다. 먼저 실제소유자를 기준으로 증여세나 양도소득세 등을 다시 계산하여 추징하고, 가산세도 부과됩니다.

부동산실명법 위반으로 과징금도 부과됩니다. 부동산 가액의 30%까지 과징금이 나올 수 있고, 위반 기간이 길수록 금액이 커집니다. 장기 미전환 명의신탁의 경우 부동산 가액의 50%까지 과징금이 부과될 수 있습니다

조세포탈 혐의가 인정되면 검찰에 고발되어 형사처벌을 받을 수 있습니다. 포탈세액이 3억 원 이상이면 3년 이하 징역 또는 포탈세액의 3배 이하 벌금이 부과됩니다. 특히 허위 계약서를 작성하거나 위장 거래를 한 경우 처벌이 더욱 무거워집니다.

금융실명제 위반도 문제가 됩니다. 차명계좌를 이용한 경우 금융실명법 위반으로 별도 처벌받을 수 있고, 금융소득 종합과세 대상에서도 누락되어 추가 세금을 내야 합니다.

조사 종결 후에도 차명재산은 지속적으로 관리됩니다. 국세청 전산시스템

에 등록되어 향후 거래 시마다 감시를 받게 되고, 실명 전환 여부를 주기적으로 확인받아야 합니다.

가장 좋은 방법은 자진해서 실명으로 전환하는 것입니다. 자진신고하면 가산세 감면 혜택도 받을 수 있고, 형사 처벌도 피할 가능성이 높아집니다. 차명재산이 있다면 조사받기 전에 먼저 정리하는 것이 현명합니다.

□ 차명재산 적발시 불이익

구분	불이익 내용
세금 추징	증여세, 양도소득세 추징 + 가산세
과징금	부동산 가액의 30~50%(부동산실명법)
형사 처벌	3년 이하 징역 또는 포탈세액 3배 이하 벌금
사후 관리	국세청 전산 등록, 지속적 감시
신용 불이익	금융거래 제한, 신용등급 하락

차명계좌도 증여세 과세대상이 되나요?

2013년부터는 차명계좌에 있는 돈도 증여세 과세대상이 될 수 있습니다. 부모님이 자녀 명의로 만든 통장에 돈을 넣어두면 자동으로 증여로 추정되는 제도가 생겼기 때문입니다.

금융실명제에 따라 실명이 확인된 계좌에 있는 재산은 명의자가 취득한 것으로 추정됩니다. 즉, 자녀 명의 계좌에 입금되는 순간 자녀가 그 돈을 받은 것으로 보는 것입니다. 명의자의 나이, 직업, 소득 수준을 볼 때 스스로 그 돈을 마련하기 어렵다고 판단되면 증여받은 것으로 추정합니다.

예를 들어 미성년 자녀나 소득이 없는 대학생 명의 계좌에 큰 금액이 입금되면, 그 자금의 출처를 소명해야 합니다. 본인이 번 돈이라는 것을 입증하지 못하면 증여세를 내야 합니다.

다만, 차명계좌가 아니라는 것을 입증하면 증여세를 내지 않아도 됩니다. 예를 들어 부모가 자녀 명의로 계좌를 만들었지만 실제로는 부모가 관리하고 사용했다는 것을 증명하면 됩니다. 통장, 도장, 카드를 부모가 보관했고, 입출금도 부모가 했다는 증거를 제시하면 됩니다.

2013년 이전에는 명의자가 실제로 돈을 인출해서 사용할 때 증여로 봤지만, 이제는 입금 시점부터 증여로 추정한다는 점이 달라졌습니다. 따라서 자녀 명의 계좌를 만들 때는 신중하게 생각해야 합니다.

특히 증권계좌나 큰 금액이 들어가는 계좌는 더욱 주의가 필요합니다. 나중에 세무조사를 받게 되면 모든 입금 내역을 소명해야 하는 부담이 생길 수 있습니다.

차명계좌로 증여세가 부과되는 사례는 어떤 경우인가요?

원칙적으로 타인 명의 계좌에 자금을 입금하면 그 시점에 명의자가 증여받은 것으로 보아 증여세 과세대상이 됩니다. 하지만 단순히 명의만 빌려준 경우라면 증여세를 내지 않을 수 있습니다. 계좌의 실질적인 지배·관리를 실제 자금 소유자가 계속 행사했다면 증여가 아닙니다.

예를 들어 부모님이 미성년 자녀 명의로 계좌를 개설했지만, 통장과 도장을 부모님이 보관하고 입출금을 모두 부모님이 관리했다면 증여로 보지 않습니다.

구체적인 사례를 보면 더 명확해집니다. 할아버지가 손자 명의로 5천만 원을 예금했지만, 할아버지가 통장을 관리하며 본인이 필요할 때 인출해서 사용했다면 증여세 과세대상이 아닙니다. 반면 성년이 된 자녀가 부모님이 만들어준 계좌의 비밀번호를 변경하고 직접 관리하기 시작했다면, 그 시점부터는 실질적 지배권이 이전된 것으로 볼 수 있습니다.

배우자간 차명계좌도 주의가 필요합니다. 남편이 아내 명의 계좌에 월급을 입금했을 때 아내가 실제로 그 계좌를 관리하며 생활비나 개인 용도로 사용했다면 증여로 볼 수 있습니다. 하지만 남편이 계속 관리하면서 가족 생활비나 본인 사업자금으로 사용했다면 단순 차명으로 인정받을 가능성이 있습니다.

증여가 아닌 차명계좌임을 입증하는 책임은 납세자에게 있습니다. 계좌 개설 경위, 자금 출처, 입출금 내역, 실제 사용자 등을 구체적으로 증명해야 합니다. 특히 계좌 개설 당시 명의자의 나이, 직업, 소득 수준을 고려하여 자력으로 예금할 수 없는 상황이었음을 입증하는 것이 중요합니다.

차명계좌 여부 판단은 형식이 아닌 실질로 이루어집니다. 국세청은 금융거래 정보를 통해 차명계좌를 적발하고 있으며, 적발 시 증여세뿐만 아니라 금융실명법 위반으로 과태료도 부과될 수 있습니다. 따라서 가족간이라도 명확한 증여 의사 없이 타인 명의 계좌를 사용하는 것은 신중해야 합니다.

□ 차명계좌 증여세 과세 판단 기준표

구분	실질적 지배·관리자	증여세 과세 여부	판단 기준
유형 1	명의자가 실질 관리	과세	• 명의자가 비밀번호 보유 • 명의자가 자유롭게 입출금 • 명의자가 실제 사용
유형 2	실제소유자가 관리	비과세	• 실제소유자가 통장·도장 보관 • 실제소유자만 입출금 • 명의자는 계좌 존재도 모름
유형 3	관리권 이전	이전 시점에 과세	• 처음엔 실소유자가 관리 • 이후 명의자에게 관리권 이전 • 이전 시점이 증여시기

차명계좌 관련 주요 사례

1. 증여세 비과세 사례

- 치매에 걸린 어머니 대신 아들이 어머니 명의 계좌에 어머니 연금을 입금하고 관리한 경우
- 해외 거주 중인 자녀 명의로 부모가 계좌를 개설하여 학자금을 관리한 후 졸업 시 잔액을 반환받은 경우
- 미성년 자녀 명의 계좌를 부모가 개설하여 자녀 용돈이나 교육비 관리 목적으로만 사용한 경우

2. 증여세 과세 사례

- 성년 자녀에게 계좌 비밀번호를 알려주고 자유롭게 사용하도록 한 경우
- 배우자 명의 계좌로 본인 급여를 이체한 후 배우자가 개인적으로 주식투자에 사용한 경우
- 손자 명의로 정기예금을 가입한 후 만기 시 손자가 직접 수령하여 사용한 경우

3. 관리권 이전으로 과세된 사례

- 미성년 시절 부모가 만든 계좌를 성년이 된 후 본인이 관리하기 시작한 경우
- 부모가 관리하던 자녀 명의 계좌를 자녀 결혼 시 자녀에게 인계한 경우
- 조부모가 관리하던 손자 명의 계좌를 손자 대학 입학 시 넘겨준 경우

부의 이전에 대한 세무조사 가이드북

제6편

주식변동조사

제6편
주식변동조사

주식변동조사는 왜 받게 되나요?

주식변동조사란 법인의 주식이 거래되거나 변동될 때, 주주들이 제대로 세금을 신고하고 납부했는지를 확인하는 세무조사입니다. 출자, 증자, 감자, 매매, 상속, 증여 등 주식의 소유권이 변경되는 모든 경우가 조사 대상이 됩니다.

국세청은 특히 경제적 능력이 없는 미성년자나 주부가 갑자기 많은 주식을 보유하게 된 경우를 주목합니다. 이런 경우 부모나 배우자로부터 증여받았음에도 증여세를 신고하지 않았거나, 명의만 빌려준 명의신탁일 가능성이 있기 때문입니다.

대주주의 주식거래도 중요한 조사대상입니다. 상장주식의 대주주가 주식을 양도할 때는 양도소득세를 내야 하는데, 이를 신고하지 않거나 과소신고하는 경우가 있습니다. 또한 특수관계인 간에 시가보다 높거나 낮은 가격으로 주식을 거래하여 사실상 증여인데도 불구하고 세금을 회피하려는 시도도 있습니다.

비상장법인의 경우에는 주식가치 평가가 복잡하여 의도적으로 낮게 평가하여 신고하는 경우가 많습니다. 특히 부동산을 많이 보유한 법인의 주식거래나 상장 직전 법인의 주식거래는 더욱 철저히 조사됩니다.

회사가 불균등하게 증자나 감자를 하는 경우도 조사대상입니다. 특정 주주에게만 유리하게 신주를 배정하거나 감자비율을 달리 적용하면, 사실상 다른 주주로부터 부를 이전받는 효과가 발생하기 때문입니다.

최근에는 전환사채나 신주인수권부사채 같은 복잡한 금융상품을 이용한 변칙증여도 늘어나고 있습니다. 이러한 신종 금융기법을 통한 편법적 부의 이전도 주식변동조사의 중요한 대상이 되고 있습니다.

주식변동조사 전체 업무절차 흐름도

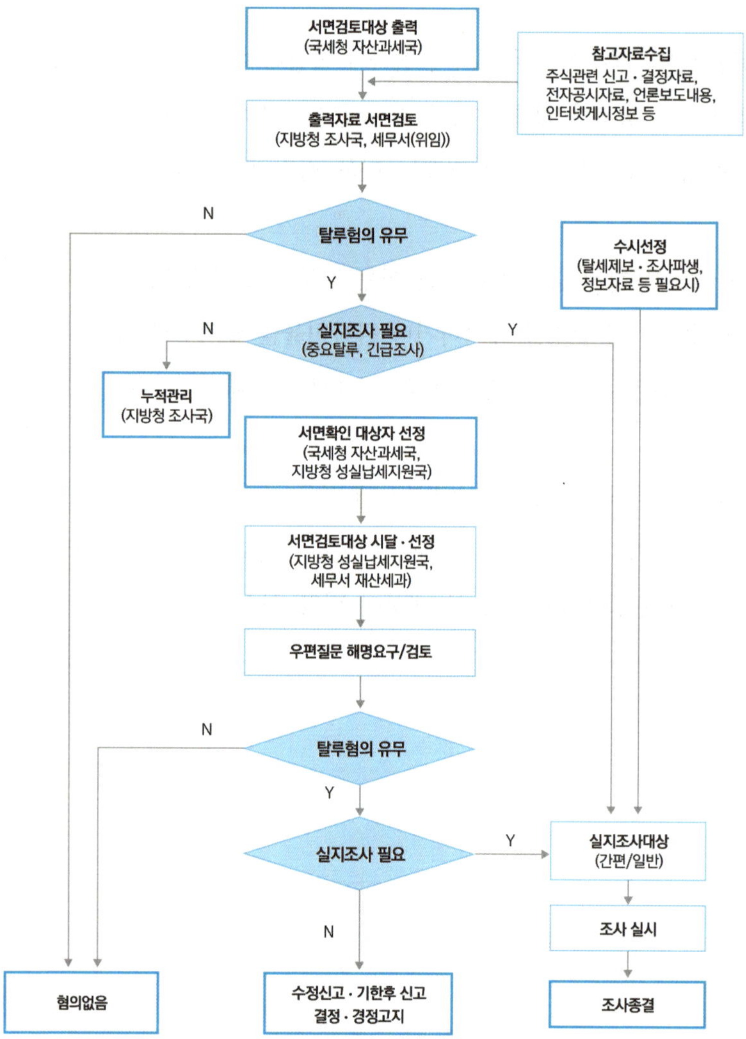

주식변동조사는 어느 지방국세청이나 세무서에서 담당하나요?

주식변동조사를 담당하는 국세청 조직은 회사의 규모와 특성에 따라 달라집니다. 국세청 본청, 지방국세청, 세무서가 각각의 역할을 가지고 조사 업무를 수행합니다.

먼저 100대 기업집단에 속한 회사라면 지방청의 특별 부서에서 조사를 담당합니다. 서울청은 조사4국, 중부청은 조사3국, 기타 지방청은 조사1국이 전담 조직입니다. 이들 부서는 대기업 전문 조사 인력을 보유하고 있어 복잡한 주식거래를 체계적으로 분석할 수 있습니다.

100대 미만 기업집단 소속이거나 계열관계가 없는 일반 회사는 다른 부서가 담당합니다. 각 지방청의 조사2국이나 조사3국, 또는 관할 세무서 재산세과에서 조사를 수행합니다. 회사와 주주의 거래 규모나 복잡성을 고려하여 지방청과 세무서 중 적절한 기관이 결정됩니다.

원칙적으로는 주주의 납세지를 관할하는 기관이 조사를 담당합니다. 하지만 주식발행 회사와 주주의 소재지가 다른 경우에는 효율성을 위해 관할을 조정하기도 합니다. 국세청장이나 지방국세청장이 업무량과 조사 인력을 고려하여 최적의 조사 기관을 지정할 수 있습니다.

지방청에서 세무서로 조사를 위임하는 경우도 있습니다. 조사 내용이 비교적 단순하거나 세무서에서 처리하는 것이 효율적일 때 위임이 이루어집니다. 이 경우에도 지방청은 조사 진행 상황을 매월 확인하여 적절한 조사가 이루어지는지 관리감독합니다.

조사가 진행되는 동안 회사가 다른 지역으로 이전하더라도 걱정할 필요는 없습니다. 실지조사가 시작된 이후에는 처음 조사를 시작한 기관이 끝까지 담당하는 것이 원칙입니다. 다만 아직 조사가 시작되지 않은 상태라면 이전한 지역의 관할 기관으로 변경될 수 있습니다.

결국 주식변동조사는 회사와 거래의 특성에 가장 적합한 기관이 담당하도록 체계가 마련되어 있습니다. 전문성과 효율성, 그리고 납세자 편의를 모두 고려한 조사 관할 체계라고 할 수 있습니다.

주식변동 서면확인은 어떤 절차로 진행되나요?

주식변동 서면확인은 세무서가 직접 조사하기 전에 서류검토만으로 혐의를 확인하는 절차입니다. 납세자 부담을 줄이기 위해 2004년부터 도입된 제도로서 경미한 사안은 이 단계에서 종결될 수 있습니다.

국세청은 먼저 법인이 제출한 주식변동상황명세서를 전산으로 분석합니다. 연소자나 무소득자의 주식 취득, 특수관계인 간 거래, 불균등 증자 등 혐의가 있는 거래를 자동으로 추출합니다. 이렇게 선별된 건에 대해 담당 공무원이 상세히 검토합니다.

서면확인 대상으로 선정되면 납세자에게 우편으로 자료제출 요구서가 발송됩니다. 주식취득 자금출처, 거래계약서, 대금지급 증빙, 주주명부, 이사회 의사록 등 다양한 서류를 요구합니다. 보통 20일 이내에 제출해야 하며, 부득이한 경우 기한 연장을 신청할 수 있습니다.

제출된 자료를 검토한 결과 혐의가 해소되면 무혐의로 종결됩니다. 하지만 추가로 확인이 필요하거나 혐의가 구체적이면 정식 세무조사로 전환될 수 있습니다. 단순한 신고누락이면 수정신고를 안내하기도 합니다.

서면확인 단계에서 성실하게 대응하는 것이 무엇보다 중요합니다. 자료를 제출하지 않거나 거짓자료를 제출하면 오히려 정식 조사대상이 될 가능성이 높아집니다. 또한 이 단계에서 자진신고하면 가산세를 감면받을 수도 있습니다.

최근에는 서면확인 비중이 늘어나고 있습니다. 코로나19 이후 비대면 조사를 확대하는 추세이고, 납세자 편의를 위해 가능한 한 서면으로 해결하려고 노력하고 있기 때문입니다.

서면확인 요구를 받았다면 세무대리인의 도움을 받는 것이 좋습니다. 어떤 자료를 어떻게 준비해야 하는지, 추가 조사로 이어질 가능성은 없는지 등을 전문가가 판단해줄 수 있기 때문입니다.

주식변동조사 전에 이루어지는 국세청의 서면검토란 무엇인가요?

서면검토는 국세청이 실제 세무조사에 들어가기 전에 서류상으로 먼저 검토하는 절차입니다. 세무서가 보유한 각종 자료를 분석하여 실제 조사가 필요한지 판단하는 예비 단계라고 할 수 있습니다.

국세청은 법인이 제출한 주식변동상황명세서를 중심으로 검토를 시작합니다. 여기에 양도소득세, 상속세, 증여세 신고자료와 전자공시시스템의 공시자료, 언론보도, 인터넷 자료까지 다양한 정보를 수집하여 종합적으로 분석합니다.

서면검토 과정에서 특별한 문제가 발견되지 않으면 조사 없이 종결될 수 있습니다. 하지만 의심스러운 거래나 신고 누락이 발견되면 납세자에게 해명자료를 요구하거나 실지조사 대상으로 선정됩니다.

2004년 7월부터는 경미한 사안의 경우 우편으로 질문하고 답변받는 서면확인 제도도 운영하고 있습니다. 이는 납세자의 조사 부담을 줄이면서도 필요한 확인은 할 수 있는 효율적인 방법입니다.

100대 기업집단은 지방청의 전문부서가, 일반 기업은 지방청이나 세무서가 서면검토를 담당합니다. 서울청의 경우 100대 기업은 조사4국이, 그 외 기업은 조사3국이 검토합니다.

서면검토 기간이 종료되면 그때까지 확보된 자료로 처리 방향을 결정합니다. 추가 확인이 필요하면 실지조사로, 문제가 없으면 종결 처리됩니다.

국세청은 서면검토할 때 어떤 부분을 중점적으로 보나요?

국세청은 주식거래를 통한 편법적인 부의 이전이나 조세회피 행위가 있는지를 중점적으로 검토합니다. 특히 경제적 능력이 없는 사람이 주식을 취득한 경우를 주의 깊게 살펴봅니다.

가장 먼저 확인하는 것은 젊은 자녀나 소득이 없는 배우자가 주식을 취득한 경우입니다. 이들이 자금 능력 없이 주식을 보유하게 되었다면 변칙증여나 명의신탁을 의심하게 됩니다. 30세 미만 연소자의 주식 취득은 특별히 엄격하게 검토합니다.

유상증자 과정도 면밀히 살펴봅니다. 대주주가 회사 자금을 빼돌려 증자대금을 납입했는지, 실권주를 특정인에게 몰아주는 불균등 증자는 없었는지 확인합니다. 증자율이 주주마다 다른 경우도 증여 혐의로 봅니다.

특수관계인 간 주식거래의 가격 적정성도 중요한 검토 대상입니다. 시가보다 높거나 낮은 가격으로 거래하여 차액만큼 이익을 이전했는지 분석합니다. 전환사채나 신주인수권부사채 같은 특수한 증권의 거래도 꼼꼼히 확인합니다.

상장 직전의 주식 거래는 특별 관리 대상입니다. 상장으로 큰 이익이 예상되는 시점에 특수관계인에게 주식을 넘기는 행위는 증여로 볼 수 있기 때문입니다. 대주주의 지분 변동과 함께 전체 거래량도 분석합니다.

부동산을 많이 보유한 회사의 주식 평가도 중점 검토사항입니다. 장부가액과 실제 가치의 차이가 크면 주식가치를 조작하여 세금을 줄이려 했는지 의심하게 됩니다.

마지막으로 각종 회의록과 계약서의 진위도 확인합니다. 이사회나 주주총회 회의록이 상법 규정대로 작성되었는지, 실제 회의가 열렸는지까지 검증합니다. 주식 거래와 관련된 모든 서류의 일관성과 신뢰성을 종합적으로 평가합니다.

우리 회사도 주식변동상황명세서를 제출해야 하나요?

법인세법에 따르면 대부분의 법인은 매년 주식변동상황명세서를 세무서에 제출해야 합니다. 법인세 신고를 할 때 이 서류를 함께 제출하는 것이 원칙입니다.

주식변동상황명세서에는 사업연도 중 발생한 모든 주식변동 내역을 기재해야 합니다. 자본금 변동사항, 각 주주별 주식 증감 내역, 거래 상대방, 거래금액 등 상세한 정보를 모두 적어야 합니다.

상장법인이든 비상장법인이든 구분 없이 제출의무가 있습니다. 다만 소액주주의 경우에는 간소화된 방식으로 합계만 기재할 수 있도록 하여 사무부담을 줄여주고 있습니다.

이 명세서는 단순히 형식적인 서류가 아닙니다. 국세청은 이 자료를 전산시스템에 입력하여 분석하고, 탈세 혐의가 있는 거래를 선별하여 세무조사 대상자를 선정하는 기초자료로 활용합니다.

만약 주식변동상황명세서를 제출하지 않거나 거짓으로 기재하면 가산세를 물어야 합니다. 미제출 가산세와 거짓기재 가산세가 각각 부과될 수 있으므로 정확하게 작성하여 제출하는 것이 중요합니다.

최근에는 전자신고가 의무화되어 대부분 전산파일 형태로 제출하고 있습니다. 전산파일에 오류가 발견되면 세무서에서 보완요구를 하므로, 처음부터 정확하게 작성하는 것이 좋습니다.

■ 법인세법 시행규칙[별지 제54호 서식] <개정 2021. 3. 16.>

주식등변동상황명세서

(앞쪽)

1. 제출법인 기본사항

① 법 인 명		② 사 업 자 등 록 번 호		③ 대 표 자 성 명	
④ 상 장 변 경 일		⑤ 합 병 · 분 할 일		⑥ 사 업 연 도	. . . ~ . . .
⑦ 주 권 상 장 여 부	(1) 유가증권시장상장 (2) 코스닥 (3) 그 외(비상장 등)	⑧ 무 액 면 주 식 발 행 여 부	(1) 여 (2) 부		

2. 자본금(출자금) 변동상황

⑨ 일자	⑩ 원인 코드	증가(감소)한 주식의 내용 ⑪ 종류	⑫ 주식수(출자좌수)	⑬ 주당 액면가액	⑭ 주당발행(인수)가액	⑮ 증가(감소) 자본금	⑨ 일자	⑩ 원인 코드	증가(감소)한 주식의 내용 ⑪ 종류	⑫ 주식수 출자좌수)	⑬ 주당 액면가액	⑭ 주당발행(인수)가액	⑮ 증가(감소) 자본금
⑯ 기 초							. .						
. .							. .						
. .							. .						
. .							. .						
. .							⑰ 기 말						

3. 자본금(출자금) 세부 변동 내역

⑱ 일련번호	주주 · 출자자 ⑲ 구분	⑳ 성 명 (법인명)	㉑ 주민등록 번호 (사업자번호)	㉒ 거주지국	㉓ 거주지 국코드	기 초 ㉔ 주식수 (출자 좌수)	㉕ 지분율	변 동 상 황(주식수 · 출자좌수) 증 가 주 식 수(출자좌수) ㉖ 양수	㉗ 유상 증자	㉘ 무상 증자	㉙ 상속	㉚ 증여	㉛ 전환 사채 등 출자전환	㉜ 명의 신탁 등 실명전환	㉝ 기타	감 소 주 식 수(출자좌수) ㉞ 양도	㉟ 상속	㊱ 증여	㊲ 감자	㊳ 명의신탁 등 실명전환	㊴ 기타	기 말 ㊵ 주식수 (출자좌수)	㊶ 지분율	㊷ 지배주주 와의 관계코드
01	합 계																							
02	제출의무 면제주주소계																							
03																								
04																								
05																								
06																								
07																								
08																								
09																								
10																								

지배주주와의 관계코드 본인(00) 배우자(01) 자(02) 부모(03) 형제자매(04) 손(05) 조부모(06) 02~06의 배우자(07) 01~07이외의 친족(08) 기타(09) 특수관계법인(10)

4. 주식발행법인의 자기주식 보유현황 : 보유여부 (1) 여 (2) 부

㊸ 자기주식 수(주)		㊹ 소각 목적 자기주식수		㊺ 소각 목적 외 자기주식수	

「법인세법」 제60조 · 제119조, 같은 법 시행령 제97조 · 제161조에 따라 위와 같이 주식등변동상황명세서를 제출합니다.

년 월 일

대표자 : (서명 또는 인)

세무서장 귀하

297㎜×420㎜[백상지 80g/㎡ 또는 중질지 80g/㎡]

주식 명의신탁을 했다가 적발되면 어떻게 되나요?

주식 명의신탁이란 실제 주식을 소유한 사람과 주주명부상 주주가 다른 경우를 말합니다. 돈은 본인이 냈지만 다른 사람 이름으로 주식을 보유하는 것입니다. 이는 증여세를 회피하거나 주식보유 제한을 피하기 위한 목적으로 많이 이용됩니다.

국세청은 다양한 방법으로 명의신탁을 적발하고 있습니다. 먼저 주식취득자의 소득과 재산을 분석하여 주식을 살 능력이 있는지 확인합니다. 만약 소득이 없는 전업주부나 미성년자가 수억 원의 주식을 보유하고 있다면 의심하게 됩니다.

배당금의 실제 수령자를 추적하는 것도 중요한 적발 방법입니다. 명의상 주주에게 지급된 배당금이 곧바로 실제소유자에게 이체되거나, 명의자가 배당금을 전혀 사용하지 않는다면 명의신탁의 증거가 될 수 있습니다.

주주총회 참석 여부나 의결권 행사 내역도 확인합니다. 명의상 주주가 한 번도 주주총회에 참석하지 않았거나, 중요한 의사결정에 전혀 관여하지 않았다면 실제 주주가 아닐 가능성이 높습니다.

명의신탁이 적발되면 여러 가지 세금을 추징당합니다. 우선 명의신탁 자체를 증여로 보아 증여세가 과세되고, 증여세 가산세도 부과됩니다. 실제소유자가 받아야 할 배당소득세도 추징되며, 주식을 양도할 때 발생한 양도소득세도 실제소유자에게 과세됩니다.

형사처벌도 가능합니다. 조세포탈죄로 고발되면 형사처벌을 받을 수 있습니다. 특히 탈세 규모가 크거나 조직적으로 명의신탁을 한 경우에는 실형이 선고될 수도 있습니다.

명의신탁 실제소유자 확인 제도란 무엇인가요?

과거에 중소기업을 설립하면서 자녀나 배우자 명의로 주식을 등재한 경우가 많습니다. 이런 명의신탁 주식을 실제소유자 명의로 바꿀 때 특별한 확인 절차가 있습니다.

2001년 7월 23일 이전에 설립된 중소기업이고, 설립 당시 발기인들 간에 명의신탁한 주식이며, 이를 실제소유자에게 환원하는 경우라면 '명의신탁 주식 실제소유자 확인' 신청을 할 수 있습니다. 이 절차를 거치면 복잡한 세무조사 없이 간편하게 실명전환을 할 수 있습니다.

확인 신청을 하려면 몇 가지 서류가 필요합니다. 실제소유자와 명의수탁자의 확인서나 진술서, 주식 명의개서 확인서, 법인 설립 당시 주주명부나 정관 등을 제출해야 합니다. 명의신탁하게 된 경위와 실제로 경영에 참여한 내용도 설명해야 합니다.

중요한 것은 단순히 명의만 빌려준 것이 아니라 실제소유자가 회사 경영에 관여했다는 것을 입증하는 것입니다. 임원 임면, 이사회 참석, 경영방침 결정 등에 참여한 증거가 있으면 유리합니다. 이 확인 절차의 장점은 증여세

과세 등의 불확실성을 해소할 수 있다는 것입니다. 확인을 받으면 명의신탁 사실이 인정되어 증여세를 물지 않고 실명전환을 할 수 있습니다.

다만 모든 명의신탁이 이 절차의 대상이 되는 것은 아닙니다. 법인 설립 이후 증자나 주식 매매를 통한 명의신탁은 해당되지 않습니다. 또한 상장회사나 대기업의 주식도 제외됩니다. 중소기업 설립 당시의 발기인 간 명의신탁만 가능하다는 점에 유의해야 합니다.

명의신탁주식 실제소유자 확인절차

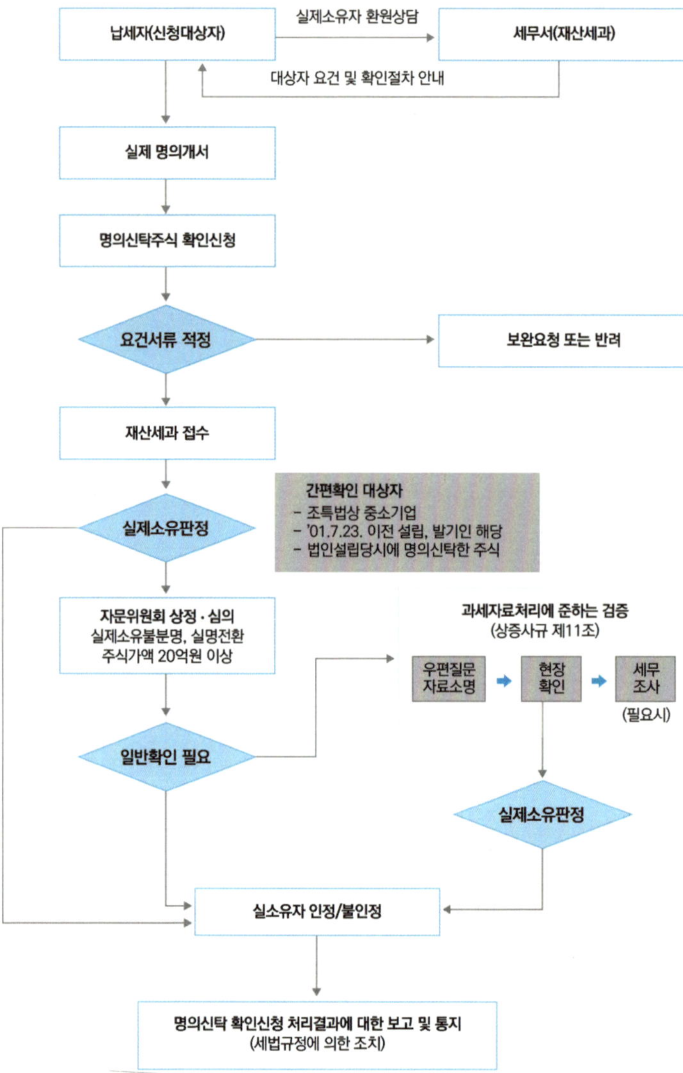

접수번호	명의신탁주식 실제소유자 확인신청서

신 청 인 (실제소유자)	① 성 명		② 생년월일		가족관계	
	③ 주 소			연락처	☎ (H.P)	

■ 실명전환한 주식 또는 출자지분에 관한 사항

(주, 백만 원)

명의수탁자(명의자)			⑦ 실제 소유자와의 관계	⑧ 명의신탁일	⑨ 실명전환일	⑩ 실명전환 주식수
④ 성 명 (법인명)	⑤ 생년월일 (사업자등록번호)	⑥ 주 소 (본점소재지)				
합계						

■ 주식발행법인 또는 출자법인에 관한 사항

⑪ 법인명	⑫ 사업자등록번호	⑬ 대표자	⑭ 설립일	⑮ 중소기업여부	⑯ 주권상장 법인여부

■ 대리인이 신청하는 경우에는 아래의 위임장을 작성하시기 바랍니다. ※ 본인 신분증사본 첨부

위임장	본인은 명의신탁주식 실제소유자 확인신청과 관련한 모든 사항을 아래의 대리인에게 위임합니다. 본인 : (서명 또는 인)			
대리인 인적사항	성명(법인명)	생년월일 (사업자등록번호)	전화번호	신청인과의 관계

「상속세 및 증여세 사무처리규정」 제12조 제1항 및 제2항의 규정에 의하여 명의신탁주식 실제소유자 확인을 신청합니다.

년 월 일

신청인 (서명 또는 인)

위 대리인 (서명 또는 인)

세무서장 귀하

※ 제출할 서류 : 1. 중소기업 등 기준검토표(「법인세법 시행규칙」 별지 제51호 서식)

2. 주식발행법인이 발행한 "주식 명의개서 확인서"

3. 신청인(실제소유자) 및 명의수탁자의 명의신탁 확인서 또는 진술서(신분증사본 첨부)

4. 그 밖에 당초 명의신탁 및 실제소유자를 입증할 수 있는 증빙서류

(※ 주식대금납입 또는 배당금 수령에 관한 금융증빙, 신탁약정서, 법인설립 당시 정관 및 주주명부, 법인등기부등본 등)

※ 신청서는 본인(또는 대리인) 신분증을 지참하여 신청인(실제소유자)의 주소지 관할세무서장에게 제출하시기 바랍니다.

※ 신청서는 주식발행법인 또는 출자법인별로 각각 작성하고, 명의수탁자가 많은 경우에는 명세를 별지로 첨부합니다.

< 절 취 선 >

접수증	접수번호		접수일	
	신청인 (또는 대리인)		접수자	(소속) (성명) ☎
	■ 위와 같이 「명의신탁주식 실제소유자 확인신청서」를 접수하였습니다.			

(제1장 뒤쪽)

「명의신탁주식 실제소유자 확인신청서」 작성요령

1. 신청인 사항 (①~③)

①~③ 실명전환한 명의신탁주식의 실제소유자 성명, 생년월일, 주소지 등을 기재합니다.

2. 실명전환한 주식 또는 출자지분에 관한 사항 (④~⑩)

④~⑥ 명의수탁자(명의자) 사항 : 명의신탁 당시 주주명부 또는 사원명부에 주주 또는 출자자로 기재된 자가 개인일 경우에는 성명, 생년월일, 주소지를 기재하고, 법인일 경우에는 법인명, 사업자등록번호, 본점소재지를 기재합니다.

⑦ 실제소유자와의 관계 : 실제소유자와 명의수탁자 간의 인적·사회적 관계를 기재합니다.

<예시>

실제소유자	본인	친족	대표이사	대표이사
명의수탁자	친족	본인	임직원	기타 지인 등
기재요령	친족	친족	사용인	지인

⑧ 명의신탁일 : 실명전환한 주식에 대하여 주주명부 또는 사원명부에 실제소유자가 아닌 명의수탁자를 주주로 등재하거나 명의수탁자 명의로 명의개서한 날을 기재합니다.

⑨ 실명전환일 : 명의신탁주식에 대해서 주주명부 또는 사원명부에 실제소유자 명의로 개서한 날을 기재합니다(주식발행법인 확인서류의 주주명부 등재일을 기재합니다).

⑩ 실명전환주식수 : 실명전환한 주식수(출자지분의 경우에는 소유지분비율을 말한다)를 기재합니다.

3. 주식발행법인 또는 출자법인에 관한 사항 (⑪~⑯)

⑪~⑭ 주식발행법인 기본사항 : 법인명, 사업자등록번호, 대표자 성명, 설립일자 등을 기재합니다.

⑮~⑯ 중소기업 및 주권상장법인 여부 : 「조세특례제한법 시행령」 제2조에서 정하는 중소기업 요건을 충족하는지 및 유가증권시장 또는 코스닥시장에 주권을 상장한 법인인지를 기재합니다.

※ 중소기업 여부를 확인할 수 있도록 「법인세법 시행규칙」 제82조 제1항 제49호에 의한 “중소기업 등 기준검토표(별지 제51호 서식)”를 반드시 작성 후 첨부하여 제출하여야 합니다.

4. 제출할 서류 및 부표 작성요령

- 제출할 서류 중 1. 중소기업 등 기준검토표, 2. 주식 명의개서 확인서, 3. 실제소유자와 명의수탁자 확인서(신분증사본 첨부) 등의 서류는 반드시 제출하셔야 합니다.
- 제출할 서류 중 4. 그 밖에 당초 명의신탁 및 실제소유자를 입증할 수 있는 증빙서류는 반드시 제출하여야 하는 것은 아니지만, 제출하시면 사실관계를 규명하는 데 도움이 되어 확인처리기간이 단축될 수 있습니다.
- 「명의신탁주식 실제소유자에 관한 보충확인서(부표)」 중 1번~4번 항목은 반드시 기재하시고, 5번과 6번 항목은 해당사항이 없으면 기재하지 않으셔도 무방합니다.

※ 안내말씀 : 이 신청서는 당초 명의신탁에 대한 증여세 감면 또는 면제를 신청하는 것이 아니며, 귀하의 명의신탁주식 실명전환에 따른 실제소유자 여부를 확인하기 위한 것임을 알려드립니다.
또한, 신청시 제출한 자료를 검토하는 과정에서 명의환원을 가장하여 허위 신청한 사실이 확인될 경우 세무조사 등을 통해 조세범으로 고발될 수 있음을 유의하시기 바랍니다.

명의신탁주식 실제소유자에 관한 보충 확인서

■ 명의신탁주식 실제소유자 확인에 필요한 자료이므로 신청인이 사실대로 작성하여 주시기 바랍니다.

확 인 할 사 항	신청인 답변내용
1. 최초 명의신탁하게 된 사유와 경위를 기재해 주십시오. (간단히 요약 기재) ※간단하게 요약 기재하고, 신청인과 명의수탁자의 진술서 또는 확인서를 첨부해 주십시오.	
2. 주식발행법인의 설립 당시의 발기인별 현황과 현직책 등을 기재해 주십시오. (인원이 많을 경우 별지로 작성하고, 설립 당시 명의자 기준으로 작성합니다) ※설립 당시의 주주명부, 정관 또는 발기인총회회의록 사본을 첨부하시고, 해당법인으로부터 원본대조필을 받아 제출하시기 바랍니다.	(아래 표)
3. 신청인(실제소유자)이 주식발행법인에서 담당하는 업무와 직책을 기재해 주십시오. ※법인등기부등본상 직위를 함께 기재합니다.	(아래 표)
4. 신청인이 법인 설립 이후 임원의 임면 등 경영에 참여한 사실을 기재하여 주십시오. (내부결재, 경영방침 수립, 이사회 참석, 회사행사 참여 등 실제 회사운영에 관여한 내용) ※본 문항은 실질적 경영권행사 여부에 관한 것이므로 법인등기부등본, 업무집행서류 등을 함께 제출해 주시기 바랍니다.	
5. 신청인이 실명전환일까지 다른 법인의 경영 또는 사업체 운영, 타회사 근무한 사실 등이 있으면 기재하여 주십시오.	

2번 답변란:

성명	생년월일	인수한 주식수	현직책

3번 답변란:

구분	연령	직위	직책	담당업무
명의신탁 당시				
실명전환 당시				

6. 기타 참고사항 (당초 명의신탁 및 실제소유자를 확인할 수 있는 추가적 사실이나 내용 또는 증빙 등을 기재)

회사가 증자할 때 특정 주주만 참여하면 문제가 되나요?

회사가 증자를 할 때 모든 주주에게 동일한 조건으로 신주인수 기회를 주는 것이 원칙입니다. 하지만 특정 주주만 증자에 참여하거나, 주주마다 다른 가격으로 신주를 배정하는 불균등 증자를 하는 경우가 있습니다.

이러한 불균등 증자는 증여세 과세 대상이 될 수 있습니다. 예를 들어 대주주가 증자를 포기하고 그의 자녀만 증자에 참여한다면, 자녀는 증자 후 지분율이 높아져 이익을 얻게 됩니다. 이 이익은 대주주가 자녀에게 증여한 것으로 봅니다.

시가보다 낮은 가격으로 신주를 인수하는 것도 문제가 됩니다. 비상장회사가 1주당 10만 원의 가치가 있는데 1만 원에 신주를 발행한다면, 9만 원의 차액만큼 증여받은 것으로 과세됩니다.

실권주를 특정인이 인수하는 경우도 주의해야 합니다. 다른 주주들이 포기한 신주인수권을 특수관계인이 대신 인수하면, 그로 인한 지분율 증가 이익에 대해 증여세가 과세될 수 있습니다.

전환사채나 신주인수권부사채를 이용한 변칙증여도 많습니다. 대주주가 이런 사채를 낮은 가격에 인수한 후 주가가 오르면 주식으로 전환하여 차익을 얻는 방식입니다. 이 역시 증여세 과세대상입니다.

국세청은 증자 전후의 주주 구성 변화를 면밀히 분석합니다. 특히 30세 미만 자녀나 손자녀가 갑자기 대주주가 되는 경우, 증자 참여 자금의 출처를 철저히 조사합니다.

따라서 회사가 증자를 계획할 때는 세무 전문가의 자문을 받는 것이 좋습니다. 정당한 사업목적의 증자라도 방법을 잘못 선택하면 예상치 못한 세금 문제가 발생할 수 있기 때문입니다.

□ 불균등 증자의 증여세 과세 유형

유형	과세 내용
실권주 인수	지분율 증가 이익을 증여로 과세
저가 발행	시가와 발행가액 차액을 증여로 과세
신주인수권 포기	포기로 인한 다른 주주의 이익을 증여로 과세
제3자 배정	특수관계인 배정시 이익을 증여로 과세

상장주식을 팔 때도 세무조사를 받을 수 있나요?

일반적으로 개인이 상장주식을 거래할 때는 증권거래세만 내면 됩니다. 하지만 대주주에 해당하면 주식을 팔 때 양도소득세를 내야 하고, 이를 제대로 신고했는지 세무조사를 받을 수 있습니다.

대주주 기준은 계속 강화되고 있습니다. 2024년 1월 이후 코스피 상장주식은 지분율 1% 또는 시가총액 50억 원, 코스닥은 지분율 2% 또는 시가총액 50억 원 이상이면 대주주입니다. 본인뿐만 아니라 배우자, 직계존비속 등 특수관계인의 지분을 모두 합쳐서 판단합니다.

대주주가 주식을 양도했는데 신고를 하지 않으면 큰 문제가 됩니다. 무신고 가산세 20%, 납부불성실 가산세 등이 추가로 부과되어 세금 부담이 크게 늘어납니다. 또한 고의적인 탈세로 판단되면 조세포탈죄로 형사처벌까지 받을 수 있습니다.

장외거래도 주의해야 합니다. 증권사를 통하지 않고 개인 간 직접 거래하는 경우에도 양도소득세 신고의무가 있습니다. 특히 시간외 대량매매나 특수관계인 간 거래는 국세청이 중점적으로 관리하는 대상입니다.

상장 전 주식거래는 더욱 철저히 조사됩니다. 상장을 앞둔 회사의 주식을 미리 취득했다가 상장 후 매도하여 큰 차익을 얻는 경우가 많기 때문입니다. 이런 거래는 자금출처와 실제 거래가액을 엄격히 조사합니다.

최근에는 국세청이 금융거래 정보를 실시간으로 파악하고 있습니다. 증권사로부터 주식거래 내역을 모두 제공받아 빅데이터로 분석하므로, 대주주의 주식거래를 숨기는 것은 거의 불가능합니다.

따라서 대주주에 해당한다면 주식을 매도하기 전에 반드시 세무전문가와 상담해야 합니다. 절세 방법을 찾는 것도 중요하지만, 정확한 신고를 통해 불필요한 세무조사를 피하는 것이 더 중요합니다.

주식변동에 대한 간편조사는 일반조사와 어떻게 다른가요?

간편조사는 성실하게 신고한 중소기업 주주를 대상으로 하는, 부담이 적은 조사입니다. 일반조사보다 짧은 기간에 최소한의 자료만 확인하고, 세무 상담과 경영 자문까지 제공하는 것이 특징입니다.

간편조사 대상은 연간 수입금액 500억 원 미만 회사의 개별주주 중에서 선정됩니다. 계열법인 주주가 아니고 금융거래 조회 같은 복잡한 조사가 필요 없는 경우에 간편조사를 받게 됩니다. 상대적으로 단순한 주식거래를 한 납세자가 주요 대상입니다.

조사 기간도 일반조사보다 훨씬 짧습니다. 필요한 서류를 최소한으로 요구하고 현장 방문도 간소화합니다. 납세자가 사업장에서 받는 부담을 크게 줄여주는 방식으로 진행됩니다.

간편조사의 가장 큰 특징은 컨설팅 위주라는 점입니다. 세금을 추징하는 것보다 앞으로 주의해야 할 세무 처리 방법을 안내하는 데 중점을 둡니다. 경영과 사업에 대한 조언도 함께 제공하여 납세자에게 도움이 되도록 합니다.

예전에는 조사 전 서면확인 제도가 있었지만 중복조사 논란으로 폐지되었습니다. 그 후 실지조사가 늘어나면서 납세자 부담이 커지자, 이를 완화하기 위해 간편조사 제도가 도입되었습니다. 성실한 납세자를 배려하는 제도라고 할 수 있습니다.

하지만 간편조사 중에도 문제가 발견되면 일반조사로 전환될 수 있습니다. 정당한 사유 없이 자료 제출을 거부하거나 중대한 탈루 혐의가 발견되면 일반조사로 변경됩니다. 따라서 간편조사라도 성실하게 협조하는 것이 중요합니다.

간편조사는 세무당국과 납세자 모두에게 유리한 제도입니다. 세무당국은 조사 효율을 높이고, 납세자는 조사 부담을 줄일 수 있습니다. 성실 신고를 유도하는 긍정적인 효과도 있어 앞으로 더욱 활성화될 것으로 보입니다.

주식변동조사를 받을 때 다른 세금도 함께 조사받나요?

주식변동조사는 통합조사 원칙에 따라 관련된 다른 세금도 함께 조사하는 것이 일반적입니다. 주식거래와 관련된 증여세, 양도소득세, 자금출처 등을 동시에 확인하여 납세자가 여러 번 조사받는 불편을 줄이고 있습니다.

예를 들어 자녀가 주식을 취득했다면 그 자금이 어디서 나왔는지 확인해야 합니다. 만약 부모로부터 증여받은 자금이라면 증여세 신고를 했는지, 본인 자금이라면 그 자금을 어떻게 마련했는지를 함께 조사합니다. 이를 자금출처조사라고 합니다.

주식을 양도한 경우에는 양도소득세 신고가 적정한지도 확인합니다. 특히 비상장주식이나 대주주 상장주식을 양도했다면 양도가액과 취득가액을 정확히 신고했는지, 필요경비를 적정하게 계산했는지를 조사합니다.

법인세 통합조사를 받는 회사의 주주도 함께 조사받을 수 있습니다. 회사가 조사받는 기간 중에 주식변동이 있었고 탈세 혐의가 발견되면, 주주 개인도 조사대상이 됩니다. 대주주가 회사자금을 유용하여 증자에 참여했는지, 변칙적인 자본거래가 있었는지 등을 확인합니다.

상속이 발생한 경우에는 더욱 복잡합니다. 피상속인이 보유했던 주식을 상속받으면서 상속세를 제대로 신고했는지, 상속 전에 변칙증여는 없었는지, 다른 상속재산은 빠짐없이 신고했는지를 모두 조사합니다.

다만 조사부담을 줄이기 위한 예외도 있습니다. 다른 세무조사를 받은 지 얼마 되지 않았거나, 혐의금액이 적어 조사실익이 없는 경우에는 주식변동 부분만 조사하기도 합니다.

동시조사를 받게 되면 준비할 자료가 많아지고 조사기간도 길어질 수 있습니다. 하지만 한 번에 모든 문제를 해결할 수 있고, 나중에 추가로 조사받을 가능성이 줄어든다는 장점도 있습니다. 따라서 세무대리인과 충분히 상의하여 체계적으로 대응하는 것이 중요합니다.

□ 주식변동조사 시 동시조사 항목

조사 유형	주요 확인사항
자금출처조사	주식취득자금의 출처, 소득 대비 재산증가
증여세조사	저가/고가 거래, 불균등증자, 명의신탁
양도소득세조사	양도가액, 취득가액, 필요경비의 적정성
상속세조사	상속재산 신고누락, 사전증여 여부
법인세조사	자본거래의 적정성, 대주주 자금유용

프로필

감병욱 변호사

감병욱 변호사는 2002년 행정고시 재경직(46회)을 합격하고, 2003년부터 국세청에서 행정사무관으로 약 6년 동안 근무하였으며, 법무법인 광장 조세팀 변호사를 거쳐 2018년 법률사무소 진영을 설립하였습니다. 감병욱 변호사는 국세청에서 세무조사, 법령해석, 국제조세 등 업무를 수행하였고, 법무법인 광장에서는 다양한 조세소송 및 자문 업무를 수행하였습니다. 감병욱 변호사는 약 20년 동안 조세소송, 자문, 세무조사, 법령해석 등 다양한 조세 관련 분야를 경험하였고, 현재에도 다수의 조세소송 및 자문 업무를 수행하고 있습니다. 감병욱 변호사는 저술활동도 꾸준히 하여 "조세법총론"과 "업종별 세목별 세무조사 절차와 실무" 책자를 저술(공저)하였고, 조세분야 전문가로서 각 언론사에 칼럼 및 판례평석 기고나 관계 행정기관에서의 위원회 활동도 꾸준히 하고 있습니다.

〈학력〉

- 서울대학교 경제학과 졸업(2002)
- 서울대학교 행정대학원(행정학 석사) 졸업(2004)
- 고려대학교 법학전문대학원 졸업(2012)

〈자격〉

- 제46회 행정고시 재경직 합격(2002)
- 제1회 변호사시험 합격(2012)
- 대한변호사협회 등록 조세전문변호사(2017)

〈경력 및 위촉〉

- (전) 제주세무서 납세자보호담당관(2004)
- (전) 평택세무서 세원관리1과장(2005)
- (전) 국세청 국제협력담당관실 행정사무관(2006)
- (전) 중부지방국세청 조사3국 조사팀장(2006~2007)
- (전) 국세청 법규과 행정사무관(2007~2009)
- (전) 법무법인 광장 조세팀 변호사(2012~2014)
- (전) 법무법인 삼익 변호사(2015~2017)
- (현) 법률사무소 진영 대표변호사(2017~)

- (전) 국세공무원교육원 겸임교수
- (전) 서울지방국세청 체납정리위원회위원
- (전) 역삼세무서 납세자보호위원회위원
- (전) 경기도 학술용역심의위원
- (전) 중부지방국세청 조세법률고문
- (전) 중부지방국세청 국세심사위원회위원
- (전) 국세청 국세법령해석심의위원회위원
- (전) 중부지방국세청 납세자보호위원회위원장
- (전) 광명시 지방재정계획심의위원회위원
- (현) 삼일아이닷컴 칼럼위원
- (현) 월간조세 칼럼위원
- (현) 일간국세신문 칼럼위원
- 역삼세무서장 표창

〈저서〉

- 조세법총론(영화조세통람, 2017)
- 업종별·세목별 세무조사 절차와 실무(삼일인포마인, 2018)
- 업종별·세목별 세무조사 절차와 실무 개정판(삼일인포마인, 2020)

김도현 세무사

김도현 세무사는 1995년 삼성화재에서 시작하여 세무법인 가나에서 세무사로 재직하다 2017년 9월 세무회계사무소 진영을 개업하여 운영하고 있습니다. 김도현 세무사는 법인, 개인사업자, 외국법인, 공익법인등의 기장을 통한 풍부한 경험을 축척하여 세무조사와 각종신고 그리고 이의신청, 심사청구 등 다양한 업무활동을 펼치고 있습니다. 또한 상속세. 증여세, 양도소득세 신고와 이에 대한 세무서 및 지방청 세무조사 등 폭넓은 업무실적을 축척하고 있습니다. 특히 김도현 세무사는 한국세무사회의 상담위원 및 대기업의 세무강의 등의 활동을 활발하게 수행하고 있습니다.

〈학력〉

- 상문고등학교 졸업(1988)
- 한양대학교 사회학과 졸업(1995)

〈자격〉

- 제43회 세무사시험 합격(2006)
- 제16회 공인중개사시험 합격(2005)

〈경력 및 위촉〉

- (전) 삼성화재해상보험주식회사
- (전) 세무법인 가나
- (전) 김도현세무회계사무소
- (현) 세무회계사무소 진영 대표 세무사

- (전) 국세청 국세종합상담센터 상담위원
- (전) 크레듀(주) CFP, AFPK 세금설계 교수
- (전) 강남세무서 국세심사위원회위원
- (현) 삼성화재, 푸르덴셜생명, 신한은행, 농협은행 등 금융기관 세법강사
- (현) 한국세무사회 홍보상담위원
- 강남세무서장 표창

류창현 변호사

류창현 변호사는 서울대학교 공과대학 지구환경시스템공학부 및 원광대학교 법학전문대학원을 졸업하고, 제10회 변호사시험에 합격한 후 조세소송 및 불복, 자문 업무를 수행하고 있습니다.

〈학력〉

- 마산중앙고등학교 졸업(1998) (수석졸업)
- 서울대학교 공과대학 지구환경시스템공학부 졸업(2006)
- 원광대학교 법학전문대학원 졸업(2021) (수석졸업)

〈자격〉

- 제10회 변호사시험 합격(2021)
- 대한변호사협회 등록 조세전문변호사(2024)

〈경력 및 위촉〉

- (전) 대한민국 국회 국회의원 보좌관(4급 상당)
- (전) 텍스넷 칼럼위원
- (현) 대법원 국선변호인
- (현) 법률사무소 진영 변호사